公務員の クレーム対応術

これで怖くない！

小田順子
ODA junko ［編著］

学陽書房

はしがき

「クレーム対応が好き！」という人は、めったにいません。
誰だって、「嫌だなぁ」「怖いなぁ」と思ってしまうものです。
あなただけではありません。安心してください。

　特に、行政に対するクレームは、民間企業より対応が難しいと言われています。
　あなたもこんな悩みはありませんか。
● 法律や条例で決まっていることはどうしようもないのに、苦情を言われても困る
● 長々と話し続ける人の対応にウンザリ。仕事が進まずイライラする
● 言われたことに対して、とっさにどう切り返していいかわからない。言葉に詰まってしまう
● 怒鳴りつけられると、周囲の目が気になる。上司や同僚に、自分の対応が悪いと思われそうで、落ち込んでしまう
● クレームメールが来ると憂鬱。返信メールに何をどう書けばいいのか悩ましい
● 怒鳴ったり暴れたりする人が怖くてたまらない。身の危険を感じる

　その気持ち、よくわかります。
　そんなあなたの役に立ちたくて、この本を書きました。
　私はかつて、役所の職員でした。だから、同じ悩みを持っていたのです。

　私がいた役所のある朝のこと。
　ブチブチブチッ！
　大きな音を立てて、シャツのボタンが飛びました。
　胸ぐらをつかまれたのは、年配の男性職員です。
「テメェ！　その口のきき方はなんだっ！」

　ある日の閉庁時間を少し過ぎたころのこと。
「あんた、アタシのことバカにしてんでしょ——！」

同僚の女性職員が、髪の毛をわしづかみにされ、引きずり回されていました。

　ある夜のこと。
「その言葉の意味は何だっ？　わかってるのかっ！　だいたいなぁ…」
　アルコールの臭いを嗅ぎながら、顔面に唾を浴びながら、先輩女性職員が肩を震わせていました。

　ある年の、仕事始めの朝こと。
「うわ――！　お前なんか、○■☆▽×◇※▲！！！」
　同じフロアの課から、意味不明の言葉が聞こえてきました。
　声のするほうを見ると、男性が次々と服を脱ぎ捨てています。
　なおも叫び続け、ついに全裸になってしまったその男性のもとに、複数の男性職員が駆け寄ります。
　職員たちは、新聞紙で男性の体を覆い隠しながら、一緒にどこかへ消えて行きました。

　……いずれも、私の公務員生活の中で目にした光景の、ほんの一部です。あなたがベテラン職員なら、「あぁ、そんなこともあるよね……」と思われることでしょう。
　若手職員のあなたは、ゾッとしたでしょうか。でもこれが現実です。
　このうち２つは、私が代わって対応しました。残りの２つは、私が対応できるケースではありませんでした。

　あなたが頑張らなきゃいけない場面があります。
　逆に、頑張ってはいけない場面もあります。
　クレーム、トラブルの対処方法。そして、自分で対応すべきかどうかの判断を、あなただけにこっそり教えます。
　こうしたら、きっとうまくいきますよ！

著者

これで怖くない！公務員のクレーム対応術　　　●目　次

第1章　見極めが大切！タイプ別対応のコツ

1. 自己主張タイプ …………………………… 2
2. 瞬間湯沸かし器タイプ …………………… 4
3. 金銭・利益供与目的タイプ ……………… 6
4. 支離滅裂タイプ …………………………… 8
5. 正統派!? クレーマータイプ …………… 10

第2章　これでカンペキ！ファーストコンタクトからクロージングまで

1. 3秒・30秒・3分のルール ……………… 14
2. まずは見た目で勝負する！ ……………… 16
3. 服装次第で得をする ……………………… 18
4. 笑顔で相手の心をつかむ ………………… 20
5. 第一声は「感謝の言葉」………………… 22
6. いったん肯定する ………………………… 24
7. 心が伝わる謝り方 ………………………… 26

8 聞く ≠ 聴く ………………………………… 28

9 「相づち」で好感度UP! ……………………… 30

10 効果的な質問のし方 …………………………… 32

11 Iメッセージで共感を示す ……………………… 34

12 怒りを買うNGワード ………………………… 36

13 あいまい語はトラブルの元 …………………… 38

14 敬語の誤用は品位を落とす …………………… 40

15 差別語・不快語にご用心 ……………………… 42

16 お客様が帰るときのポイント ………………… 44

第3章 シチュエーション別
切り返しのフレーズ

1 上司を出せ! ……………………………………… 48

2 首長(知事、市区町村長)を出せ! ………… 50

3 制度(法律、条例など)を変えろ! ………… 52

4 議員に言うぞ! ………………………………… 54

5 この税金泥棒!(ののしる) ………………… 56

6 そんなことも知らないのか! ………………… 58

7 こちらに「来い」と呼びつける ……………… 60

8 「早くしないと間に合わない」と
　無理を強いる………………………………… 62
9 話が長くてエンドレス………………………… 64
10 インターネット上で公表するぞ …………… 66
11 誠意を見せろ！……………………………… 68
12 一筆書け（念書を書け）…………………… 70
13 夜道に気をつけろ（暗に脅す）…………… 72
14 大声でわめく・暴れる ……………………… 74
15 凶器をチラつかせる ………………………… 76

第4章　電話でよくある
トラブルを防ぐ

1 電話応対の基本 ……………………………… 80
2 怒りを増幅させない電話のとり方・切り方… 82
3 「メモ・記録」取り方のコツ……………… 84
4 しつこく電話をしてくるときは …………… 86
5 電話でのNG行動……………………………… 88
6 電話応対の基本フレーズ …………………… 90
7 漏れのない応対をするためのメモ様式……… 92

第5章 メール・ネットのトラブル対応

1 メール対応の基本 …………………………… 94
2 メールの型を身につける …………………… 96
3 謝罪メールの書き方 ………………………… 98
4 お断りメールの書き方 …………………… 100
5 Twitterでからまれた！ ………………… 102
6 Facebookで意味不明のコメントが付いた… 104
7 「炎上」しないために気をつけたいこと …… 106
8 クレームを未然に防ぐ
　ソーシャルメディア活用術 ……………… 108
9 メールやネットの
　クレーム対応フレーズ集 ………………… 110

付録　差別語・不快語 ……………………… 113

第1章

見極めが大切！
タイプ別対応のコツ

まず、クレームの基本的な「タイプ」を見極めましょう。相手の真意を探り、クレームの目的を明確にすることが、適切な対応の第一歩です。

1 自己主張タイプ

> 自分の話を聴いてほしい、自分の能力を認めてほしい、自分の存在価値をアピールしたい……そんな理由から、しつこく苦情を言ってくる人もいます。

◘ 特徴：とにかくしつこい

　自己主張タイプの人は、とにかく粘着質なのが特徴です。言動別に分類すると、さらに具体的な目的が見えてきます。
　①はじめは語気が荒いが、10分も話を聴いていれば柔らかい口調になる。話をさえぎると、また語気が荒くなる。
　　目 的　孤独感を埋めること。話し相手が欲しい。
　②はじめは丁寧な言葉遣いだが、徐々に語気が荒くなってくる。自分はかつて、○○に勤務していた、○○を学んでいたと自慢する。
　　目 的　自分の能力や存在価値を認めさせること。
　③終始、単調な話し方で、質問が多い。行政や法律、情報システムなど特定分野の知識が豊富。役所のことを、詳しく調べている。
　　目 的　自分の知性をアピールすること。

◘ 対応：相づちで「聴いていること」をアピール

　目的は、いずれも「自分を認めてほしい」という1点です。頻繁に来庁する、電話をかける、メールを送る……という行為は、時間に余裕のある人しかできません。例えば、仕事がないまたは少ないことで、自分を否定されたような気持ちになっているのです。公務員としては、じっくり話を聴くことが基本です。このようなタイプに対しては、第2章の対応方法を忠実に実践することが効果的です。

言動でわかる、「自己主張タイプ」の目的と対策

① 話し相手を求めるタイプ

② 自分の存在価値を認めてほしいタイプ

③ 自分の知性をアピールするタイプ

[**ここがポイント！** **面倒くさがると面倒なことになる**
- ☑ 聴き役に徹する→第2章8（28ページ）
- ☑ 相手に視線を向け、相づちを打つことで、きちんと話を聴いていることをアピールする→第2章9（30ページ）
- ☑ ほめ言葉や共感の言葉をはさむとなお良い→第2章11（34ページ）
]

第1章 ● 見極めが大切！ タイプ別対応のコツ

 瞬間湯沸かし器タイプ

 はじめから怒鳴っている、突然怒り出す……人前で感情をあらわにする、いわゆる「キレやすい」人。その理由によって、対処方法は大きく異なります。

◘ 特徴：とにかく怒鳴る

　怒鳴っている間は、話ができないどころか、相づちすら打てないかもしれません。しかし、ある程度言いたいことを言えば、どこかで息継ぎをします。いつかは疲れます。そこですかさず質問をし、目的を探りましょう。キレ方で分類すると、目的は次の３つです。
①あなたがひるむといい気分になり、喜々として怒鳴る。
　目　的　ストレス発散、自己主張。
②キレ方に法則性がなく、つかみどころがない。
　目　的　妄想の中の出来事に腹を立てている可能性があり、理解不能。
③あなたがおびえると、少し語気を和らげ、具体的な要求をにおわす。
　目　的　金銭や利益供与を狙っている。

◘ 対応：相手の目的によって大きく異なる

　①は、すでに挙げた「１　自己主張タイプ」です。話を聴いてもらうために怒鳴っているので、話を聴いてあげてください。②は「４　支離滅裂タイプ」で、実は最も危険なタイプです。③は「３　金銭・利益供与目的タイプ」。あなたが一人で対峙(じ)し、解決しなければいけないケースは少なく、実はあまり怖くありません。

言動でわかる、「瞬間湯沸かし器タイプ」の目的と対策

① ストレス発散が目的のタイプ

② つかみどころがないタイプ

③ 恫喝、利益要求のタイプ

> **ここがポイント！** **おびえてもいい**
> ☑ 相手をほめてみて、喜べば「1　自己主張タイプ」→2ページ
> ☑ 相づちを打てる程度の怒鳴り方であれば、質問をするチャンスをうかがう→第2章10（32ページ）
> ☑ 言動が支離滅裂であれば「4　支離滅裂タイプ」→8ページ

3 金銭・利益供与目的タイプ

> 怒りのあまり金銭を要求するタイプと、はじめから金銭目当てのタイプがあります。どちらのパターンなのかで、対処方法は異なります。

◘「今回は」では済まない

　電話をかけたから通話料を払え、役所まで来てやったから交通費を払え、精神的苦痛を受けたから慰謝料を払え。これらは、本当にお金が欲しくて言っている場合と、そうでない場合があります。そうでない場合の目的は、留飲を下げること。つまり、おさまらない怒りをどこかにぶつけたいのです。

　この場合、相手の怒りをしずめることが先決です。お金を払う、払わないの議論は避けましょう。また、少額だからとお金を払ってしまうのもNGです。味をしめて、あれこれクレームをつけては金品を要求する常習犯に変貌してしまう恐れがあります。ほかの方法で、お気持ちを静めることが、このケースでの着地点です。

◘ 反社会的なクレーマー

　反社会的クレーマーは、多額の金銭を要求したり、特定の会社を指名して業務を発注するように強要したりする人のことです。不当な金銭の要求は、恐喝罪（刑法249条）にあたるとみなされることが多いようです。

　いずれにせよ、あなた一人で判断できることではありません。上司に相談して、要求は文書で提出してもらう、相手の発言を録音するなどの対策を講じましょう。

安易に要求を飲むと、同じことを繰り返すハメに

目的① 少額の金銭の要求

目的② 高額な金銭や利益供与の要求

[**ここがポイント！** 　**不当な要求に屈しないために**]
- ☑ 金銭や利益供与の要求を、ハッキリと言わない場合、「慰謝料でしょうか」など自分から提示しない。「それは具体的にどういったことでしょうか」と質問し、相手の口から言わせる
- ☑ 反社会的組織などの場合は、警察、弁護士への相談も視野に入れる

4 支離滅裂タイプ

怒鳴ったかと思うと機嫌が良くなっている。しつこく問いただしていると思ったら、突然、帰っていく。なんともつかみどころのない人は、実は最も危険です。

◪ 言動が支離滅裂で会話がかみ合わない……

言動が支離滅裂なクレーマーは、精神的に問題を抱えている可能性があります。一つのことに執着して、同じことをしつこく聞いてきたり、話が論理的でなく矛盾が多かったり、会話がかみ合わず着地点が見えません。感情の起伏が激しい人もいて、怒鳴ったり、泣き出したり、「死にたい」と言い出したり……こういった言動の一つひとつに親切に対応していくと、かえってエスカレートし、やがてあなたに執着するようになってしまいます。

◪ 突然、攻撃的になる恐れも

例えば「これから死ぬ」と言われて自宅に駆けつけるなど、一度、特別な対応をしてしまうと、あなたに期待して、同じことを何度も繰り返します。冷たくあしらわれると、「裏切られた」と逆上し、攻撃的になる恐れもあります。

このようなタイプのクレーマーには、特別な対応はせず、ほかのお客様と同じレベルの対応をしてください。あなたに執着しているようであれば、上司に相談し、ほかの職員に対応を代わってもらいましょう。もし、殴りかかる、刃物をちらつかせるなどの行動があった場合は、被害がなくても警察に通報しておいたほうが安全です。

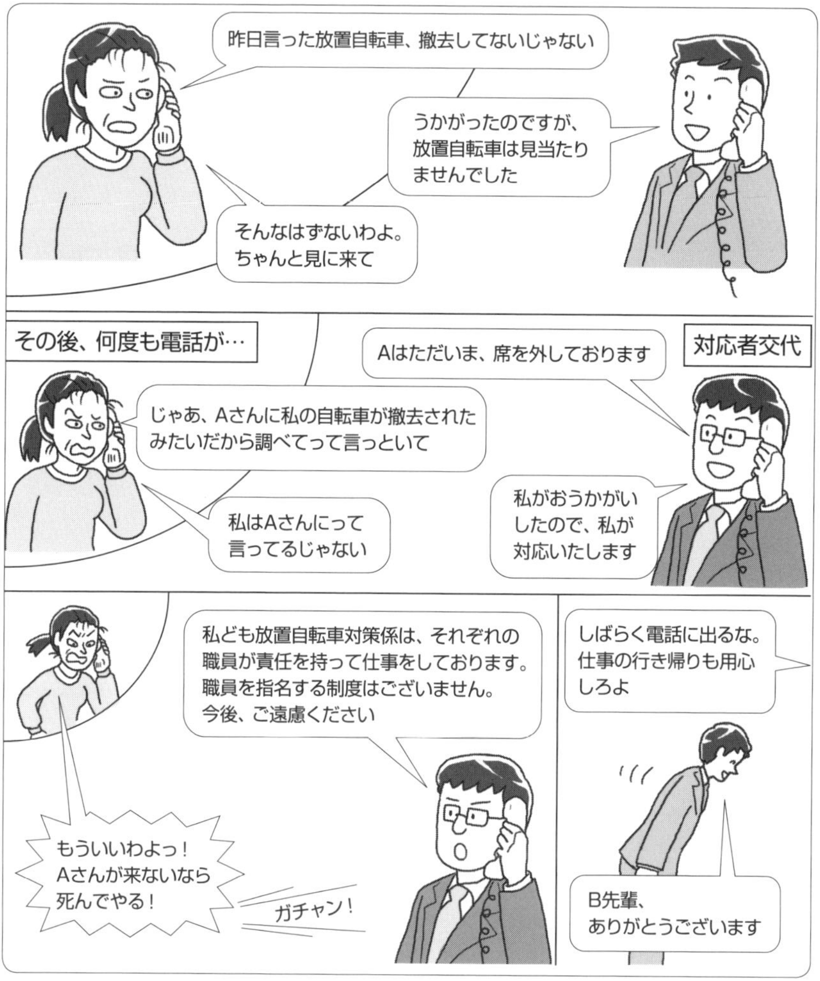

5 正統派!? クレーマータイプ

> ❗ 語気が荒い人や、役所のルールとはズレている要求をする人を、すべて「クレーマー」＝困った人、変な人と決めつけてしまうことは危険です。

◘ 対応次第ではクレーマーに

「Claim」を英和辞書で調べると、要求、請求、主張、権利、資格と書かれています。「Claimer」は主張者、要求者のことで、法律用語では「原告」。つまり「クレーム」は、そもそも「苦情」「理不尽な要求」を意味する言葉ではないのです。言い方がきつくても、正当な主張をしている人もいれば、役所のルールを知らないだけの人もいます。あなたが「うわ！クレーマーだ！嫌だな〜」と思うと、それが表情や態度に表れてしまいます。お互いが嫌悪感を抱き、トラブルに発展する恐れも。あなたの対応次第で、善良な一市民がクレーマーに変身することもあるので、注意が必要です。

◘ よく聴き、客観的に判断する

頭ごなしに「クレーマー」だと決めつけるのではなく、まずは相手の話をよく聴き、客観的に判断しましょう。業務に支障をきたすような迷惑行為をする人や、職員に危害を加えたり、金銭目的の脅迫をしたりする危険な人もいます。そのような人と、正当な主張をしている人を見分けることが重要です。

これは、実はとても難しいことです。この本は、その「見分ける力」を身につけるためのヒント集です。

これもクレーマー？

市民：おい！ そこの兄ちゃん！ ちょっと話があんだけど！

職員：はい。（うわ！ 来た！ クレーマーだよ～嫌だな～）

市民：（なんかこいつ、感じ悪いし、頼りなさそう……）
あのさぁ、うちの前のごみ、どうにかなんないの？

職員：ごみ収集場所は自治会やアパート管理者が管理されているものなので、私どものほうでは何とも……

市民：そういうことを言ってんじゃないんだよ！ 人の話を聴けよ！ お前じゃダメだ。上司と代わってくれ！

市民：おい！ そこの兄ちゃん！ ちょっと話があんだけど！

職員：ご来庁ありがとうございます。私、加藤一郎がお話を承ります。

市民：（なんかこいつ、丁寧で話しにくいな……俺も丁寧に言わないとダメかな…）
あの～、うちの前のごみ、どうにかならないかね？

職員：「うちの前」とおっしゃいますと、ごみ収集場所のことでしょうか。

市民：いや、そうじゃなくて、うちのお向かいの家がね、収集場所でもないのに勝手にごみを出しているんだよ。臭うし虫やカラスは来るし……参ってるんだよ。役所から言ってくんないかな。

職員：かしこまりました。お客様のお住まいを教えていただけますか。

市民：えっとね、東西町1-1-2……です。

職員：ありがとうございます。お調べしますので、お待ちください。

ここがポイント！ クレーマーを増やさないために

- ☑ 口調や外見でクレーマーと決めつけない
- ☑ 全てのお客様に対して、まずは笑顔であいさつを
- ☑ お客様の話をよく聴く

第②章

これでカンペキ！
ファーストコンタクトから
クロージングまで

●

まず、クレーム対応の基本的な「型」を身につけましょう。この章では、来庁時からお見送りまでのポイントを、時系列で追ってみます。

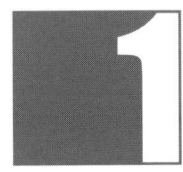3秒・30秒・3分のルール

 クレーム対応は、お客様があなたを認識した瞬間から始まっています。大きなトラブルになるかどうかは、最初の3秒、30秒、3分が決め手です。

◘ 3秒ルール

　お客様は、あなたの姿を見た瞬間、ほんの3秒くらいの間に、あなたがどんな人かを判断します。これはまだ言葉も交わしていない状態ですから、あなたの外見だけで、好感を持ったり嫌悪感を抱いたりします。心理学では「初頭効果」と呼び、第一印象が、その後のあなたの言動を判断・評価する重要な基準となります。

◘ 30秒で怒り増幅？　OR挽回？

　次に、あなたに声をかけ、あなたが返事をします。お客様が用件を伝える。時間にして30秒くらいです。その間のあなたの声や話し方で、また、あなたがどんな人か判断します。ここで第一印象に確信を持ち、ますます好意または嫌悪の感情を強めていくわけですが、対応次第では挽回も可能です。

◘ ラストチャンスは3分間

　お客様が用件を伝え終わり、あなたが対応を迫られる。ここがラストチャンスです。話を聞いている時のあなたの態度と、話が終わった時のあなたの第一声が、その後を左右します。はじめ良ければ終わり良し……です。具体的な対応のポイントは次のページから順を追って見ていきましょう。

3分以内に決着をつけよう！

> **ここがポイント！** 第一声で好印象を
> - ☑ ご来庁ありがとうございます／おはようございます（午前10時まで）／こんにちは／大変お待たせいたしました
> - ☑ ○○様、（名前で呼びかける）
> - ☑ ○○担当の田中です。私がご用件を承ります（名乗る）

# まずは見た目で勝負する！

「人は見た目じゃない。中身だ」なんて言うけれど、初対面で中身なんてわかりません。大事なのは、やっぱり「見た目」なのです！

美男美女は人に好かれる？

「見た目が大事」とは言っても、何も美男美女である必要はありません。お客様に好感をもたれればいいのです。

心理学者アンダーソンの実験では、「好かれる特性」の第１位は「誠実な」。２位が「正直な」、３位は「理解のある」。あなたは、お客様がこんなイメージを抱いてくれるような外見であればいいわけです。

最も好感度が高いのは……

人の特性を表わす形容詞に関する実験があります（心理学者アッシュの印象形成理論）。その結果、「あたたかい」という形容詞は「中心特性」と呼ばれ、他の特性を凌駕するほどの威力を持つことがわかりました。極端な言い方をすれば、「仕事はできないけど、あたたか味のある人」は、好感度が高いわけです。

見た目は「作る」ことができる

第一印象で、「誠実で正直で、理解のあるあたたかい人」だと感じてもらうことができれば、好感度がぐっと上がります。そのためには、意識して見た目を「作る」ことが重要です。「仕事がデキるフリ」をするより、易しいと思いませんか。

「愛されキャラ」をめざしましょう。

「愛されキャラ」はこんな人

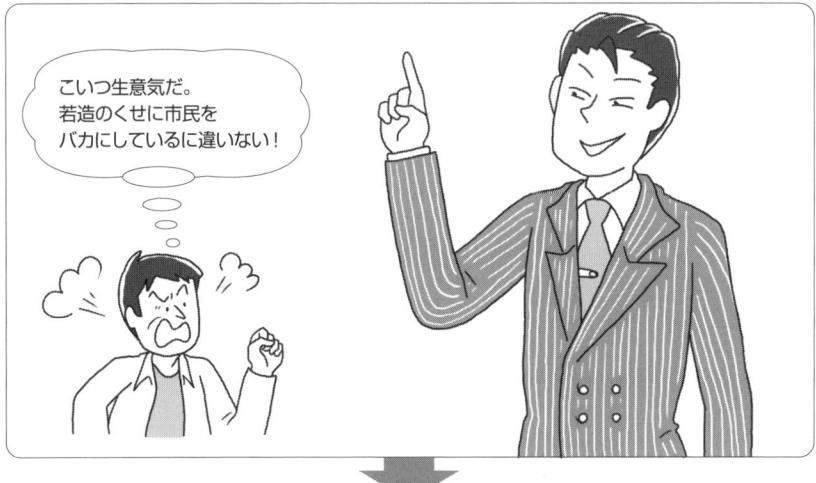

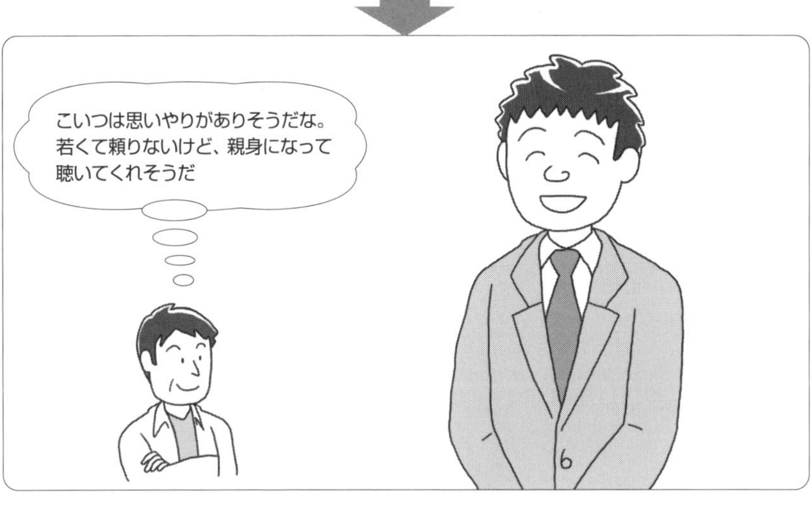

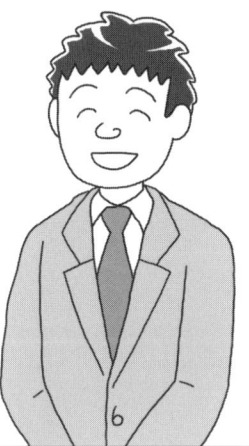

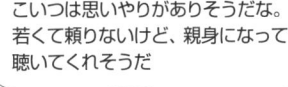

ここがポイント！　愛されキャラになるには

「シャンパンタワー」の法則をご存じですか。シャンパンタワーは、シャンパングラスをピラミッド状に積み重ねたものです。一番上のグラスはあなたの心。これをまず満たさないと、その下のグラスは満たされません。自分の心が満たされていないと、他人を思いやることは難しいのです。自分を大切にしましょうね。

3 服装次第で得をする

> 外見は大切です。服装がきちんとしていれば、黙っていても好感度の高い人になることができます。

◘ 服装を変えれば人が変わる?!

　好感度の高い「見た目」は、①表情、②服装、③立ち居振る舞いで決まります。この中で、一番簡単に変えることができるのが服装です。清潔感があり、きちんとしていながらも親しみやすい服装を心がけましょう。不思議なことに、服装を変えると、表情や動作も変わってきますよ。

　例えばあなたが、生命保険に加入するとしましょう。生命保険会社の人には、あなたの住所氏名だけでなく、職業、病歴やお金のことまで話すことになるでしょう。相手が、ズボンからシャツがだらしなく出ている、サンダル履きの人だったらどうですか。ちょっと怖いですよね。市民にとっての公務員も同じです。

◘ おしゃれに自信がなければ……

　スーツを着ていればいいというわけではないようです。黒は本来、礼装ですし、グレーはうまく着こなさないと暗いイメージ。茶も、シャツや小物を工夫しないと、もたっとした印象になりがちです。

　ファッションセンスに自信のない方は、ネイビーのスーツを着てみてください。色彩心理学上、「青」は気持ちを落ち着かせる効果があると言われています。サッカーの日本代表も Japan Blue。制服も「青」が多いですよね。「青」は信頼を意味するそうですよ。

「きちんと」感プラスアルファ

どこのギョーカイの方？

何しに来てるの？

近寄りたくないー！
ボリボリ
サンダル

好感度、大♪

ここがポイント！　細部まで気を遣おう

- ☑ 華美な装飾品は身につけない
- ☑ きつい匂いの香水はタブー
- ☑ 爪先やつま先（靴）の汚れは不快感の元
- ☑ 肩のフケや、飛び出した鼻毛にご用心
- ☑ 唇ガサガサはＮＧ。男性でもリップクリームなどでお手入れを
- ☑ 襟や袖口が黒ずんでいるのはアウト！　清潔感第一

4 笑顔で相手の心をつかむ

> 笑顔で対応している「つもり」になっていませんか？ どんな笑顔になっていますか？ 鏡の前でチェックしましょう！

◘ 笑顔が基本！

　接客の基本は笑顔。あなたが暗い顔をしていたり、「嫌だな〜」という表情だったりすると、それは確実に相手に伝わってしまいます。特に、苦情を言いに来たお客様は、すでに不快感を抱いています。場の雰囲気を和らげ、冷静に話をするために、好感度の高い笑顔を心がけましょう。

◘ 自分で思うほど笑顔になっていないかも！？

　笑顔の「つもり」では意味がありません。相手が「この人は、にこやかで落ち着いている」「自分に好意的だ」と感じるような笑顔が効果的です。

　鏡にあなたの顔を映してください。そして、何か楽しいことや、好きな人のことを思い浮かべて、にっこり笑ってください。そのときの顔の動きを記憶して、何度も練習すると良いでしょう。

◘「笑う門には福来る」

　笑顔でいる人のそばには、笑顔が集まってきます。昔から「笑う門には福来る」と言います。お客様だけでなく、上司や先輩、同僚、友だち……そして、もしかしたら意中のあの人にも好感を持たれますよ！

アイドルになったつもりで笑ってみよう!

　笑ったつもりでも、笑顔に見えないことがあります。ひきつった笑顔は、かえってイヤミに見えることも。
　たった一人で写真を撮ることを考えてください。カメラに向かってさわやかにほほ笑むことができますか。これがなかなか難しいのです。私がプロフィール写真を撮ったときの様子をご覧ください。

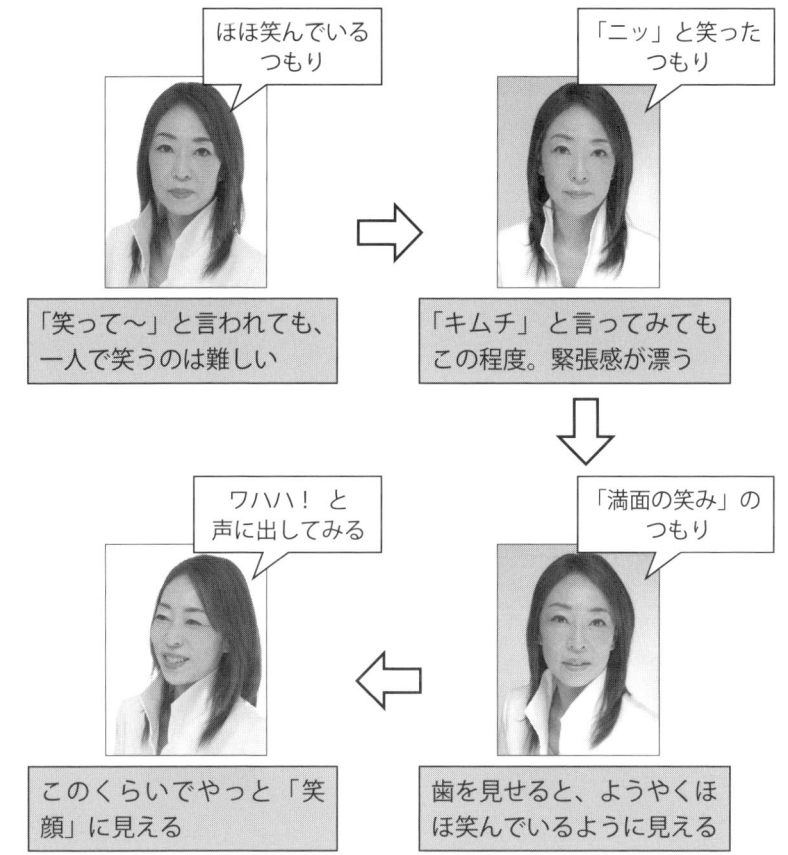

ここがポイント！　笑顔に自信のないあなたへ

　好感度の高い、自然な笑顔は難しいもの。大丈夫。あなただけではありません。私もその一人です。どうも日本人は笑顔が苦手なようです。

5 第一声は「感謝の言葉」

> いきなり戦闘モード！ は危険です。火に油を注ぐ恐れも。まずは、感謝の言葉を述べましょう。

◘ まず、感謝する

　「いったいいつまで待たせるんだ！」…と怒鳴られると、ついつい「すみません」と言いたくなります。そこをぐっとこらえて、深呼吸。「お忙しい中、ご来庁いただきありがとうございます」と感謝の言葉でワンクッション入れてから、「お待たせして大変申し訳ありません」と言ってみましょう。

　「ごめんなさい」と言われるよりも、「ありがとう」と言われたほうが、気持ちのいいものです。ワンクッション入れると、気持ちも落ち着きます。

◘ 感謝できることを探す

　「文句を言われたり、怒鳴りつけられたりしたら、感謝なんてできないよ！」……そう言わずに、ちょっと考えてみてください。ものは考えようです。腹の立つこと、嫌なことを前向きにとらえ、「こんなメリットもあるな」と良いところを見つけ出せると、クレーム対応だけでなく、日々の仕事が楽しくなります。

　例えば小さなミスをして、上司に叱られたとき、「あ～あ、やだなぁ……」と思うのではなく、「大きなミスをする前に指摘してもらえて良かった！　さすが、係長だな～」と考えるのです。同じ出来事でも、あなたの受け止め方次第でまったく違うものになりますよ！

感謝のフレーズを身につけよう

おすすめフレーズ！ 感謝をするといいことがある!?

- ☑ お寒い（お暑い、足元の悪い、お忙しい）中、ご来庁いただきありがとうございます／いつもありがとうございます
- ☑ ご連絡ありがとうございます／○○していただいて、助かります
- ☑ お知らせいただき（ご指摘いただき）、ありがとうございます

いったん肯定する

> ムチャクチャなことを言われたら、それは否定しておかないと、後で面倒なことになる……と思うかもしれません。でも実際は、いちいち否定すると、かえって面倒なことになりますよ。

◘ 相手の「気持ち」や「立場」を認める

　およそ同意できない身勝手な要求、苦情も少なくないと思います。でも、よく考えてみてください。「それは違います」「それは無理です」と言ったところで、相手が「ああ、そうですか」と引き下がるわけはありません。どのような苦情でも、とにかくいったん、肯定しましょう。

　ムチャクチャなことを言っているな〜と思っても、何か肯定できる事柄を探してください。肯定すると言っても、事実の部分を認めるのではなく、相手の気持ちや立場を認めるのです。例えば、「なるほど。○○様は、○○ということでお困りなのですね」といった具合です。

◘ まったく肯定できない場合

　相手の気持ちや立場を想像してみても、まったく共感できず、肯定できることが見つからない場合は、相手の言葉をおうむ返しにします。例えば、「なるほど。○○様は、○○と考えていらっしゃるわけですね」と言った場合、相手の主張を肯定したわけではなく、単なる復唱です。

　要望や主張が無理なものであればあるほど、いちいち否定せずにひととおり聴き、相手の気持ちを落ち着かせることが大切です。

自分を否定されると感情は余計に高ぶる

市民：うちの裏の小学校がうるさくてしょうがない！　ガキなんか大嫌いだ！　先月引っ越してきたばかりなのに、また引っ越したら金がかかる！　小学校を移転させろ！

職員：申し訳ありませんが、それはできません。お客様がお住いになる前から小学校は存在していたのですから……〈正論を先に言ってしまう〉

市民：こんなうるさいとは聞いていなかったぞ！　だったら引っ越し費用を出せ！

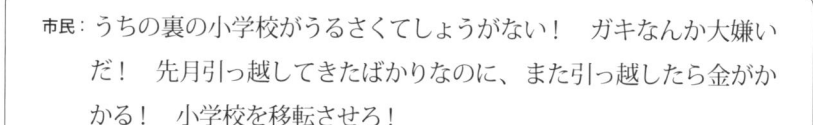

▼

市民：うちの裏の小学校がうるさくてしょうがない！　ガキなんか大嫌いだ！　先月引っ越してきたばかりなのに、また引っ越したら金がかかる！　小学校を移転させろ！

職員：小学校の隣にお住まいなのですね。大きな音を出したり、子どもたちが騒いだりすることもあるかと思います。大変ご迷惑をおかけして申し訳ありません。何か対策を講じたいと思いますので、具体的な状況をお聞きしてよろしいでしょうか。特にうるさい曜日や時間帯などはありますか。〈事実を認め、相手を肯定するが、小学校の移転については肯定も同意もしていない〉

市民：そうだな…朝がうるさい。校庭でぎゃあぎゃあやってやがる。それと……

おすすめフレーズ！

肯定のフレーズ
- おっしゃるとおり、○○は○○ですね
- 確かに、○○は○○ですね
- 私もそう思います。○○は○○ですよね

NGワード
- しかし、…
- ですから、…
- そうはおっしゃっても、…

 心が伝わる謝り方

 あなたや組織にミスがあった場合は、素直に謝罪しなくてはなりません。ミスがなくても、怒っている方にはとにかく謝りましょう。

◘ 普段より少し丁寧な表現で謝罪する

こちら側に落ち度がある場合、相手が顔見知りのお客様であっても、普段より少し丁寧な口調で謝罪します。「すいませんでした」はNG。「申し訳ありません」がベストです。問題が解決していない場合は、「申し訳ありませんでした」と過去形で言うと、「まだ解決していない」と新たなクレームを生む原因になります。

また、ただ謝罪するだけではなく、同じミスを繰り返さないという決意を伝えるのが礼儀です。謝罪の言葉に、ミスの原因と今後の対策も添えましょう。

◘ 相手の気持ちに寄り添って

あなたや組織にまったく落ち度がない場合も、お客様の気持ちをくみ取って、謝罪の言葉につなげましょう。法や条例で定められているからと突き放すのではなく、自分が相手の立場だったらどうか、今、どのような心情だろうかと想像することが必要です。日々の業務の中で、条例などの決まり事より、お客様の言うことのほうが理にかなっていると感じることもあるのではないでしょうか。

アメリカは訴訟社会であると聞いています。謝ったら負け。でも、日本は違います。謝ったからといって、非を認めたことにはなりません。相手の気持ちをおもんばかることが優先。素敵ですよね。

謝るが勝ち!?

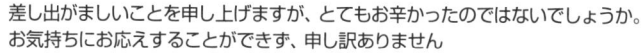

> **おすすめフレーズ！** 相手の気持ちに配慮して謝罪する

- ☑ 不快な思いをさせてしまい／ご気分を害してしまい／ご無礼があり／せっかく〜していただいたのに／ご迷惑をおかけし／不手際がございましたこと／失礼がございましたこと

＋

- ☑ 誠に（大変）申し訳ありません／深くおわび申し上げます／おわびの言葉もございません／申し開きのしようもございません

 聞く ≠ 聴く

 「聞こえている」のと、「きちんと聴いている」のは違います。コミュニケーションの基本は、「聴く」ことです。

◘ コミュニケーションは「対話」と「共感」

　コミュニケーションは、相手の話を「よく聴く」ことから始まります。ソーシャルメディアでも、他人の投稿をきちんと読んで、マメにコメントを付けるなどして対話を促進する人のほうが、ファンを増やしているようです。考えてみれば、「あなたの話は聴かないけれど、私の話は聴いてね」「あなたには共感しないけれど、私には共感してね」というのは無理があると思いませんか。情報を伝え、共感を得るには、まず相手の話を聴いて、相手に共感することが必要です。

◘ こんな聴き方はNG

　「愛情の反対は、憎しみではなく無視」。これはマザーテレサの有名な言葉です。聴く意思を持たないと、それは相手の発言を無視していることになり、人格の否定にもつながります。聴いているふりをしても、「上の空」だと、相手に伝わってしまうものです。
　思い込み・先入観を持って聞くのは逆効果。評価することを目的に聞く（評論家タイプ）、持論を言うために聞いている（自己中心・「ジコチュー」タイプ）、一部だけを聞いて勝手に判断する、話を遮る（先読みせっかちタイプ）という人も、相手を怒らせるのが得意です。

「聴く」力を身につけよう

あのさぁ、
やっぱり環境に配慮するっていうかさぁ、
なんかいいことしたいわけよ。
うちにもね、小さい子がいるしさぁ…

あぁ、助成金が欲しいんでしょ？
回りくどい言い方して…
メンドクサイ…

おまえ、ちゃんと人の話を聴けよ！

あのさぁ、
やっぱり環境に配慮するっていうかさぁ、
なんかいいことしたいわけよ。
うちにもね、小さい子がいるしさぁ…

まったく同感です。
このままでは、
どうなってしまうのか、
私もとても心配です

そうだろ？だからさぁ、
うちの会社にも東西市みたいにさ、
ビオトープを作りたいんだよ。
作り方とか教えてもらえないかぁ

かしこまりました。
当市の資料をお持ちしますね

ここがポイント！ 聴いていること、共感を態度で表すには

- ☑ 深めにゆっくりとうなずく
- ☑ 「ながら聞き」ではなく、相手をしっかり見る
- ☑ 相づちを打つ、合いの手を入れる

9 「相づち」で好感度UP！

> 相手の声が「聞こえている」のではなく、「きちんと聴いている」ことは、態度で示す必要があります。怒りを買ってから、「聴いてますよ！」と言っても遅いのです。

◘ 聴いていることを示す態度

　相手が話しているときは、言葉の切れ目で適宜、うなずきます。小刻みにうなずくより、深めにゆっくりとうなずいたほうが、納得、共感している雰囲気が伝わります。

　「話している人の目を見なさい」とはよく言いますが、凝視し続けると、かえって反感を買う恐れもありますし、あなたも疲れてしまうでしょう。にらみつけている感じではなく、それでいて、きちんと話を聴いている印象を与えるには、相手の左右の耳を交互に見ると良いそうです。

　また心理学では、相手の動作をまねすることで、共感を得て好感度がアップするとも言われています。相手が手を組んだらこちらも手を組む。髪をかき上げたらあなたも。「ミラーリング」という効果だそうです。一度、お試しあれ。

◘ 聴いていることを示す言葉

　態度だけではなく、言葉でも、相手の話を聴いていることを示しましょう。黙っていられるのも不気味ですよね。ところどころ、「さようでございますか」などと相づちを打ったり、「○○は○○ということですね」と復唱したりしましょう。

1人で話し続けるのは切ない……

だからね、…でね、…でもね、…でね、そしたら…って言われて。それでね…

はぁ…はぁ……

ちょっと！聴いてるのっ？？？

いつまでしゃべってんのかしら、この人。あー、もうすぐお昼になっちゃう…

↓

だからね、…でね、…でもね、…でね、そしたら…って言われて。それでね…

はい。…はい。…さようでございますか。…それはごもっともです。…

あら、もうすぐお昼ね。つい夢中で話しちゃってごめんなさいね。ありがとうね

おすすめフレーズ！

相づちのフレーズ
- はい
- おっしゃる通りです
- ごもっともです
- さようでございます（か）

既知の親しい相手
- ええ
- なるほど
- そうなんですね（か）／そうですね／そうですよね

第2章 ● これでカンペキ！ ファーストコンタクトからクロージングまで

10 効果的な質問のし方

> ❗ 怒りで興奮しているときや気が動転しているときは、言いたいことをうまく伝えられないことがあります。そんな状態のお客様の真意を理解するためには、適切な質問が効果的です。

◘ 聴く力 ＋ 質問力

　激高してまくし立てているうちに、自分でもどうしたいのかがわからなくなると、怒ること自体が目的となってしまいます。それではらちがあきません。そんなときは、相づちを打つタイミングで、質問をしてみましょう。お客様は、質問に答えることで「自分自身の中にある答え」に気づきます。

◘ クローズドクエッションとオープンクエッション

　質問のコツは、「クローズ型」と「オープン型」を使い分けることです。クローズ型は、YesかNo、AかBかで答えられるものです。「オープン型」は、「どのような」といった質問で、状況を詳しく説明してほしいときや、自由に話していただきたいときに使います。

◘ Why? ではなくHow? で聞く

　前向きな思考・行動を引き出すためには、「Why型」より「How型」の質問が適しています。例えば、「どうしてできないんだ？」と聞かれると「だって……」と言い訳をしたくなりますが、「どうしたらできると思う？」と聞かれると、「できる」ための方法を考えます。ポジティブな思考を引き出せるので、自分自身にも使えますよ。

質問で真意を引き出す

市民：町内会の夏祭りをやめるように言ってほしいんですけど。

職員：町内会は自主的に運営されているものですから、市から行事をやめるようには申し上げられないんです。

市民：東西市の中にある町じゃない！　関係ないことないでしょ！　震災で大変な思いをしている人がたくさんいるのに、ヘラヘラ夏祭りなんかしてる場合じゃないでしょっ！

職員：はぁ……そうおっしゃられましても、市としては何とも……

市民：わかったわ。あんたのことブログに書いてネットでさらしてやる！〈本当に言いたかったこととは違う方向に暴走〉

▼

市民：町内会の夏祭りをやめるように言ってほしいんですけど。

職員：お客様に何かご迷惑をおかけするようなことがございましたか。

市民：しょっちゅう会議があって大変なのよ。小さい子どもがいるのに。

職員：さようでございますか。それは大変ですよね。どうしたらお客様のご負担を減らせるでしょうか。

市民：ママ友でお茶しながら会議できたらいいのに。子どもたちが喜ぶ出し物は私たちのほうがよくわかるし。

職員：確かに！　おっしゃるとおりですね。

市民：この間もね、被災地支援のバザーやりたいね、なんて話してたんだけど……〈真意を引き出し、改善に向けて建設的な会話ができる〉

おすすめフレーズ！　相づちとセットで質問を

- ☑ なるほど。○○は○○ということですね？（クローズド）
- ☑ さようでございますか。その○○は、Aということでしょうか。あるいはBということでしょうか（クローズド）
- ☑ と申しますと？（興味津々といった表情で、身を乗り出して）（オープン）
- ☑ それは大変ご迷惑をおかけしました。どのような状況だったか、教えていただけますか？（オープン）
- ☑ お気持ちはわかります。どのような状態であればご満足いただけるでしょうか（オープン）

11 Iメッセージで共感を示す

> 相手の言うことを否定せず、相づちを打ちながら話をよく聴けば、興奮している方も落ち着きます。さらに相手をほめることで、共感を得て友好的な関係を築くことができます。

◘ かえって怒らせてしまうほめ方

　ほめ言葉には注意が必要です。「あなたは〜ですね」という「Youメッセージ」のほめ方は危険。例えば、「課長は説明が上手ですね」と言ったら、喜ばない課長もいます。「お前みたいな説明下手に、私を評価されてたまるか！」と逆に叱られてしまうかも。相手を評価するような「上から目線」のほめ方は避けましょう。

◘ さりげないほめ方のコツ

　効果的なほめ方とは、「あなたは説明が上手」と自分勝手な評価ではなく、「あなたの説明は、私みたいな理解力のない者にもよくわかりました」と「Iメッセージ」で伝えることです。「そのネクタイ、センスがいいですね」と評価結果を伝えるのではなく、「そういう色合いのネクタイ、好きなんです！」と相手に共感することで、相手も「おお、そうか。俺も好きなんだよね。趣味が合うね」などと共感を得やすいのです。

　お客様の話を記録する時も、「記録を残すために、メモを取らせていただきます」と事務的に言われるより、「ちょっと待ってください！今、おっしゃったことはとても重要だと思うので、メモをとらせてください」と言われたほうが、気分が良いものです。

ほめ方次第で天と地の差が……

こんな地域防災地図はダメだよ！
俺はブログやっててね、そこで
地震対策とかを書いてるわけよ

地震対策のブログですか。
それは良いことですね

あんたに言われたくないよ！
だったらあんたもやればいいだろう。
話をそらすなよ！

↓

こんな地域防災地図はダメだよ！
俺はブログやっててね、そこで
地震対策とかを書いてるわけよ

私もブログに興味があるんです。
でも、○○様のように知識や技術がないと、
難しいのですよね？

あんなもん、簡単だよ。
まずは俺のブログを見てみなよ

はい。教えてください。
勉強します

おすすめフレーズ！ 上から目線の「評価」はNG

OK
- ☑ 私にもよくわかりました／（私は）○○が好きなんです／○○に興味があるんです

NG
- ☑ 上手ですね／センスがいいですね／よくご存じですね／それは良いことです

第2章 ● これでカンペキ！ ファーストコンタクトからクロージングまで

12 怒りを買うNGワード

> ! 普段、意識しないで使っている言葉が、お客様の怒りを買うことがあります。相手を否定するような言葉は慎みましょう。

◘ 否定語に注意

　小論文などの論理的な文章や、プレゼンテーションでは、結論を先に述べることが大切です。例えば、「本日は、健康保険証を発行できません。その理由は二点あります。一点目は、届出書に押印がないことです。二点目は……」といった具合です。確かにわかりやすいのですが、お客様に対するご説明としては感じが悪いですよね。

　「できない」といった否定語は、使わないほうがベターです。「お客様がご印鑑をお持ちでしたら、本日、発行できます」と言い換えてみてください。こちらのほうが、角が立たないと思いませんか。

◘「隠れ否定語」に注意

　「否定語」ではないけれど、否定された気分になる言葉を「隠れ否定語」と私は呼んでいます。例えば、「一般的には、本人確認書類が必要になります」と言われた場合、上から目線でバカにされたように感じます。なぜならば、「一般的には〜だが、あなたは一般的ではない、あなたは一般常識を知らない」という逆説の意味を含むようにも解釈できるからです。この例なら、「一般的には」という言葉は使わず、本人確認が必要な理由を伝えます。納得していただけない場合は「○○市の規程では〜となっております」などのように、どこで「一般的」なのかを明示しましょう。

否定されれば誰でも気分が悪い

ご存じないかと思いますが、●●法第●条で定められていますので、基本的に本人確認書類が必要です

そんな法律知らないわよっ！悪かったわね！役所の常識が、世間一般の常識じゃないわよ！？バカにして！

↓

○○様の住民票を見ず知らずの人に交付して、悪用されるといけませんので、恐れ入りますが、ご本人かどうかを確認させていただきたいと存じます。窓口にはご本人確認書類をお持ちいただけますでしょうか

確かにそうね。何を持ってくればいいの？

おすすめフレーズ！　「言葉」に敏感になろう

否定語の言い換え
- ☑ できません→〜であればできます
- ☑ ご存じないかと思いますが→ご存じかと思いますが

隠れ否定語
- ☑ 普通は／一般的には／原則として／基本的に／○○法（○○条例）第○条により

第2章 ● これでカンペキ！ ファーストコンタクトからクロージングまで

13 あいまい語はトラブルの元

> ⚠ 役所の常識が世間の常識とは限りません。あいまいな表現をすると、理解にずれが生じ、それが原因でトラブルに発展する恐れがあります。

◘「少々」は何分？

「少々お待ちください」と言われたら、何分くらい待てますか。……答えは人それぞれです。あなたは10分くらいのつもりでも、相手は2・3分だと思っていたら、「少々って言ってから、どれだけ待たせるんだー！」と怒鳴りつけられてしまうかも。人によって解釈の異なる「あいまい語」を使うことは危険です。

◘ 仕事では「６Ｗ３Ｈ１Ｍ」が基本

日本の文化は、ハッキリものごとを言うことを「品がない」と受け止める傾向がありますが、ビジネスでは６Ｗ３Ｈ１Ｍが基本です。６Ｗ３Ｈ１Ｍとは、次の要素です。

① When（いつ）　　　　① How（どのように）
② Where（どこで）　　 ② How much（いくらで）
③ Who（誰が）　　　　③ How many（いくつ）
④ What（何を）
⑤ Whom（誰に）　　　① Message
⑥ Why（どうして）　　　（相手にどうしてほしいのか）

「少し・たくさん」など抽象的な表現をするのではなく、何通、何円、何月何日何時何分……と、具体的な数値を挙げることが大切です。また、「～をご用意ください」ではなく、「～をお持ちの上、何時何分までに窓口へいらしてください」と明示しましょう。

言ってもわからない。言わなきゃなおさらわからない

3日前
収入が確認できる書類と、本人確認書類を**ご用意ください**

言われた書類を**用意して待ってる**んだけど、いつになったら取りに来るのっ！

え〜！役所に来なきゃ手続きできっこないじゃ〜ん

↓

3日前
お手数ですが、もう一度この窓口までお越しいただけますか。メモを書きますね。持ち物は、収入が確認できる書類と本人確認書類。受け付けできる日は、月曜から金曜まで。祝日は除きます。時間は、午前8時30分から午後5時まで。期限は……

この間はありがとうね。今日は書類を持ってきたわよ。これで大丈夫かしら

はい！ありがとうございます！

おすすめフレーズ！　あいまい語の言い換え例

×今週中に	➡	○金曜日の午後5時までに
×朝一番で	➡	○午前9時に
×たくさん	➡	○1月に5回以上、一度に10通以上
×余分に	➡	○もう1通余分に、もう300円余分に

14 敬語の誤用は品位を落とす

> 敬語くらい、間違えたところで意味は通じるし、相手も気づかないだろう……と思ってはいけません。誤用を不快に思う人もいますし、あなたと組織の品位を落とします。簡潔で正しい敬語を心がけましょう。

◘ バイト敬語は禁止

「本日は、住民票のほうでよろしかったでしょうか～」「こちら、住民票になります～」「1000円からお預かりします～」……いわゆる「バイト敬語」のオンパレード。これでは公務員の品位を落とします。

私事ですが、愚息がマンガ喫茶でアルバイトをしていたとき、「バイト敬語は絶対に使ってはいけない」と厳しく指導されていたそうです。役所でも、さんざん待たされた挙句、軽い「ノリ」の言葉遣いを聞いたら、カチンと来ます。バイト敬語は禁止です！

◘ 「自分に尊敬語」「相手に謙譲語」も禁止！

「ご不明な点がございましたら、お気軽に私にうかがってください」「金曜日は出勤しておられますか」……これもNG。正しくは、「今日はご出勤ですか・出勤していらっしゃいますか・出勤されていますか」です。自分や身内の人の動作に尊敬表現を使ったり、他人の動作に謙譲表現を使ったりするのは、敬語の誤用です。敬語の使い方に自信がない場合は、「です・ます」といった丁寧語だけ使うことをお勧めします。

何を言われているのかさっぱりわからない……というあなたは、危険度、大！です。詳しい説明は、拙著『誰も教えてくれなかった公務員の文章・メール術』（学陽書房）をぜひ、ご覧ください。

敬語は正しく使いましょう

その日は、**小職**、休暇を取ら**させて**いただいております。
何かご質問がございましたら、**ご遠慮なくおうかがいしてください**

……東西市って、職員の研修はないの？ひどい言葉遣いね。そんなんで、仕事、大丈夫なの？はぁ……

↓

大変恐縮ですが、その日は、あいにく休暇を取っております。
何かご不明な点があれば、遠慮なくお聞きください

無駄のない、完ぺきな敬語の使い方！東西市って、職員の人材育成メニューが充実しているのかしら。感心、感心……

おすすめフレーズ！ 間違った敬語の言い換え例

- ×休暇を取らさせていただきます ➡ ○休暇を取らせていただきます、お休みさせていただきます、休暇を取っております
- ×当市の担当者に伺ってください ➡ ○お聞きになってください・聞いていただけますか・お聞きください・お尋ねください

第2章 ● これでカンペキ！ ファーストコンタクトからクロージングまで

15 差別語・不快語にご用心

> ⚠️ 差別語・不快語は、ビッグクレームの元です。うかつに口にしたり書いたりしないよう、細心の注意が必要です。

◘ 相手が差別・不快だと思えば「差別語・不快語」

　市民とのコミュニケーションは「言葉」が基本です。不用意な一言で相手を深く傷つけることがないよう、こまやかな配慮と慎重さが求められます。例えば私は、「欧米では……」と言って、「アメリカと一緒にしないでください」とお叱りを受けたことがあります。おそらくヨーロッパ出身の方で、ひとまとめにされることに不快感を覚えたのでしょう。私にとっては、アメリカもヨーロッパも、行ったこともないあこがれの国です。決して悪気はなかったのですが、相手が不快に感じた以上、「欧米」も不快語です。

◘ 法令や制度名に使われていても不快語は使用しない

　「常用漢字表」（平成22年内閣告示第2号）には、「障害」と書かれていますが、私は「障がい者」と書くようにしています。「害」と書くと何だか悪いことのようで、不快に思う方がいるからです。
　「障害者基本法」、「障害者白書」、「障害者控除」という言葉がありますが、内閣府では「障がい者制度改革推進本部」が、平成21年12月8日、閣議決定により設置されました。新しい法律や制度では、「障害者」という表記を使わない傾向があるようです。法令や制度名に使われている言葉でも、差別語・不快語とみなされているものは複数あります。ぜひ、巻末の付録で確認してください。

日常生活に潜む差別語・不快語

市民：広報評価委員の高橋ですが。
職員：高橋先生ですね。私、広報担当の佐藤と申します。この度はお世話になります！
高橋：このお知らせは誰が書いたのかしら。
職員：はい。私です。
高橋：そう。市役所案内図の「花屋」という表現については、何か意図があるのかしら？
職員：はい！　花屋の名称を書くと、特定の業者を宣伝していることになりますので、あえて名称は書きませんでした！〈得意げ〉
高橋：もういいわ。広報課長はいらっしゃる？
職員：は？

▼

市民：広報評価委員の高橋ですが。
職員：高橋先生ですね。私、広報担当の佐藤と申します。この度はお世話になります！
高橋：このお知らせは誰が書いたのかしら。
職員：はい。私です。
高橋：そう。よくできてるわ。特に、市役所案内図の「花屋さん」という表現については、何か意図があるのかしら？
職員：はい。具体的な目印を書いたほうがわかりやすいかと思いました。ただし名称を書くと、特定の事業者を宣伝していると指摘される場合もありますので、あえて名称は書きませんでした。「花屋」では失礼な表現ですが、かといって「生花店」もなじみが薄いので、「花屋さん」と表示しました。
高橋：お見事。広報課長は優秀な部下を持って幸せね。

おすすめフレーズ！　差別語・不快語は言い換えを

×サラリーマン　➡　○会社員　　×婦人　　➡　○女性
×入籍する　　　➡　○婚姻届を　　×共稼ぎ　➡　○共働き
　　　　　　　　　　提出する　　×青少年　➡　○子ども、学生、子ども・
　　　　　　　　　　　　　　　　　　　　　　　若者（法令用語は使用可）

16 お客様が帰るときのポイント

> 市民はお客様です。いくら苦情を言いに来た方でも、「また来た」「ようやく帰った」という態度は厳禁です。丁重にお見送りをしましょう。

◘ クロージングが大切

　商品やサービスのセールスをするとき、商談が成立し、契約を締結するところまで持っていくことをクロージングと呼ぶそうです。役所は基本的に、モノを売るわけではありませんが、お客様に納得していただき、気持ちよくお帰りいただくためには、やはりクロージングが大切です。

　お客様にお帰りいただくときは、「さぁ、話は済んだ。さっさと帰れ」と言わんばかりの態度にならないよう、注意しましょう。今後のタスクがあればそれを確認し、ご来庁いただいたことに感謝する言葉を述べ、話を締めくくりましょう。

◘ お客様をお見送りしていますか

　民間企業や個人事業主は、お客様をエレベーターや玄関までお見送りします。お礼の言葉とともに頭を下げ、お客様の姿が見えなくなるまで頭を上げません。役所でも、私が研修講師などでうかがうと、同じ対応をしてくださいます。私よりも大切なお客様、つまり市民に対しても、本来はそうすべきでしょう。実際は、一人ひとりをお見送りすることは難しいと思いますが、せめて、深く頭を下げ、感謝の意を表しましょう。座ったまま、ぺこっと軽く頭を下げ、「ども。」なんてことのないようにお願いしますね。

感謝の気持ちで「お見送り」を

じゃぁ、まぁ、そういうことなんで

ハイ、次の方〜

おい！ちょっと待て！まだ話は終わってないぞ！

それでは、もしお手元に届いていないようであれば、お手数ですがご連絡いただけますか。お電話でも結構です。よろしくお願いいたします

本日はご来庁いただき、ありがとうございました

ありがとうね。わかんなかったらまたあんたに連絡するよ

ここがポイント！　お辞儀の丁寧度合

- ☑ 軽い会釈（角度は15度）…遠くにお客様を見つけた時など「こんにちは！　ちょっとお待ちくださいね！」という程度
- ☑ 敬礼（30度）…あいさつ「ご来庁ありがとうございます」
- ☑ 最敬礼（45度）…おわび・お礼「大変申し訳ありません」

第2章 ● これでカンペキ！　ファーストコンタクトからクロージングまで

第3章

シチュエーション別
切り返しのフレーズ

●

この章では、お客様の言動をキーワードに、シチュエーションごとの対応方法をお伝えします。「こう言われたらこう言う！ こうする！」といった切り返し方法を身につければ、あわてずに対応できます。

1 上司を出せ！

> 「上司を出せ！」と言われて、上司を呼ぶことは悪いことではありません。ポイントを押さえれば、大丈夫！

◘「上司を出せ！」と言われたら、上司を出す

　「上司を出せ！」と言うのは、「あなたとはこれ以上話したくない」という意味です。理由は3つ考えられます。
　1．あなたの説明がわかりにくい、頼りない
　2．格上の職員を呼び、ことを大きくして自分の言い分を通したい
　3．自分の「格」を低く見られているのが不満
　いずれにしても、お客様が呼んでいるものを無視することはできません。気分を害されて、かえってことが大きくなってしまいます。

◘ 上司を呼ぶことは恥ではない

　上司や先輩に仕事を教えてもらうのは、恥ずかしいことではありません。「上司を出す」ことも同様です。あなたより経験が豊富ですから、上司の接客態度、言い回し、考え方などを学びとるチャンスです。あとで、上司にお礼を言うとともに、何を学んだかも伝えれば、上司も一方的にあなたを非難することはないでしょう。

◘ 上司に説明する時間を確保する

　上司は途中から話に加わることになるので、上司が正確に迅速に判断できるよう、まず状況を説明しましょう。お客様のお名前、ご要望とそれに対するあなたの説明を簡潔に伝えます。

「上司を出す」ときは…

市民：上司を出せ———！
職員：はい。係長—。
係長：どうした？
職員：上司を出せと言われたので……
係長：お客様、私、○○係長の○○と申します。お話を聴かせていただけますか。
市民：だから今、さんざん説明しただろ！ もう一度初めから話せっていうのかよ!!!

▼

市民：上司を出せ———！
職員：かしこまりました。お役に立てず、申し訳ありません。ただいま、○○係の責任者を呼んでまいりますので、2・3分お待ちいただけますでしょうか。
係長：どうした？
職員：お客様のお名前は○○様、○○にお住まいの方です。遡及加入で保険料が高額となり、納得がいかないとおっしゃっています。制度や計算方法をご説明したのですが、私の説明が悪かったのか、ご気分を害されたようで、上司と代われと言われました。お忙しいところ恐縮ですが、係長から説明していただけないでしょうか。
係長：わかった。
お客様、私、○○係長の○○と申します。保険料のご説明がわかりづらかったようで、大変申し訳ありません。もう一度、私からご説明させていただけないでしょうか。
市民：いやね、今、説明聞いてたんだけどさ、ちっともわかんないんだよ……

ここがポイント！ ポジティブな思考で

あなたより年配の職員や、「○○長」という肩書のある職員が言うなら、同じことを言っても、「本当にそうなのだろう」と納得する方もいます。年齢や肩書は、今すぐどうにかできることではありません。着実にステップアップすればいいのです。これも経験。前向きに！

2 首長(知事、市区町村長)を出せ！

> 「上司を出せ！」と言われて、上司を出すことは恥ずかしいことではない…と書きましたが、「首長を出せ」と言われて首長を呼びに行くわけにはいきません。

◘ 本当に「首長と話したい」と思っているとは限らない

　首長にじかに訴えたいことがあれば、首長室に行くなり、首長あてにメールを送ったりするでしょう。そうしないのは、担当者と話したいと思っているからではないでしょうか。担当業務については、首長よりあなたのほうが詳しいはずです（そうなるよう、ここはがんばりましょう）。自信と責任を持って対応しましょう。

◘「首長は呼べません」は禁句

　「首長を出せ！」と言う目的は、自分の「格」は首長レベルだ、と認めさせることだったり、あなたを困らせることだったり。いずれにしても、「首長は呼べません」と否定してしまうと、プライドを傷つけ、怒りを増幅させてしまいます。上司や首長の判断を仰ぐつもりもあることを伝えてから、状況を聞き出しましょう。

◘ 結局、首長は出さない

　状況を話してくれない、説明を聞いてくれない場合でも、首長を呼びに行くわけにはいきません。「私が（○○課が）担当です。私と係長（課長）の○○が責任を持ってお話しを伺います（ご説明させていただきます）ので」とお伝えし、それでも話を聞いてもらえないときは、上司の判断を仰ぎましょう。

首長は呼べないと突っぱねる前に……

（上段）
- 市長をだせーーー！
- お客様、そうおっしゃられても、市長をお呼びすることはできません
- なんだと？選挙のときに票を入れてやったんだぞ。有権者の話を聴けないっていうのか！

（下段）
- 市長をだせーーー！
- お客様、どうなさいましたか。何か失礼がございましたか。お話を聴かせていただけないでしょうか

[**おすすめフレーズ！** 　**首長を出さない理由を伝える**
- ☑ 私で判断しかねる場合は、上司や首長の判断を仰ぎますので／（私では力不足かもしれませんが、）まずはご説明させていただけないでしょうか
- ☑ 私のミスですから、私と係（課）の責任者がおわびいたします
]

3 制度（法律、条例など）を変えろ！

> そんな制度、おかしいだろう！　と言われても、あなた一人の力で変えるのは、なかなか難しいですよね。かといって、頭ごなしに否定することは避けましょう。

◘ Ｉメッセージでお断りしよう

　法律を変えろと言われても、そう簡単にできることではありません。しかし、お客様は困り果てて、あるいは怒り心頭に発（はっ）してそうおっしゃっているのです。それを頭ごなしに「できません」と言ったところで、感情を害するだけです。
　そこで、第2章でお伝えしたＩメッセージとYouメッセージの使い分けをしましょう。「あなたはできません」ではなく、「私はできません」と答えるのです。そうすることで、相手の「自分を否定された」という感覚が弱まります。

◘ 相手の気持ちに寄り添って

　「お気持ちはわかります」という言い方は、心がこもっていない印象なので、あまりお勧めしません。「あんたにわかるわけないでしょう！」と言われるのが関の山です。「私が○○様の立場でしたら、やはり同じように感じると思います」など、相手の気持ちに寄り添って、思いやりのある言葉で対応してください。
　時代にそぐわない制度もあるのではないでしょうか。お客様の要求が無謀なものばかりとは限りません。同じように感じている方が多くいらっしゃれば、それは世論としてやがて制度をも動かします。

ボタンの掛け違いもある

職員：当館の決まりで、食堂へのペットの持ち込みは禁止させていただいております。

市民：じゃあその決まりを変えればいいじゃない！　ワンちゃんと一緒に食事をして何がいけないの？　ペットじゃないのよ！　私の家族なのよ！　一緒に食事をするのは当たり前でしょう！

職員：お気持ちはわかりますが、決まりなので……

市民：あんたに何がわかるのよ！　市長を出しなさい！

▼

職員：当館の決まりで、食堂へのペットの持ち込みは禁止しております。

市民：じゃあその決まりを変えればいいじゃない！　ワンちゃんと一緒に食事をして何がいけないの？　ペットじゃないのよ！　私の家族なのよ！　一緒に食事をするのは当たり前でしょう！

職員：おっしゃるとおりですね。私も家族と一緒に楽しく食事をしたいと思います。ただ、決まりを変えることは、私の力ではできかねます。ほかの施設でしたら、ワンちゃんと一緒にお食事ができるところがございます。場所はご存じですか。

市民：そうなの？　それ、どこにあるの？

おすすめフレーズ！　共感できるところを探す

☑ 私にも小さい子どもがありますので、
☑ 私事ですが、我が家にも受験生がおりますので、
☑ 私も猫を飼っていまして、
☑ さしでがましいことを申し上げるようですが、さぞお辛かったのではないでしょうか

＋お気持ちはわかるつもりです

第3章 ● シチュエーション別切り返しのフレーズ

4 議員に言うぞ！

> 議員は市民の代表です。ルールはみんなで守らなくてはいけませんし、そのルールが間違っていれば変えればいいことです。議員に言いつけられて困ることはないはずです。

◘ 議員は地域を良くするための「同志」です

　議員のみなさんは、行政について真剣に考え、地域をより良くするために、日々活動されています。「怖い人」の集団ではありません。地域住民の代表なのですから、特定の人に便宜を図るよう、強要したりはしないはずです。無理難題を言われても、あなたがきちんと説明すれば、きっとご理解いただけます。むしろ、議員からお客様を説得してくださるよう、お願いしてもいいのではないでしょうか。

◘ 議員に頼まれても、対応できない場合もある

　市民の要求が、現状の制度上は不可能なものであっても、制度自体が不適切な場合もあります。その場合、議会で首長が質問を受け、結果として制度が変わるかもしれません。それはそれで良いことなのではないでしょうか。あなたが悪いわけではありません。「決まりだから」と頭ごなしに決めつけず、柔軟な発想で対応しましょう。

◘ 不当な対応を要求されたら

　議員がそんなことをするはずがありませんが、万が一、特定の人や団体に便宜を図るよう、不当な要求をされた場合は、さすがに判断しかねますよね。一人で抱え込まず、上司の判断を仰ぎましょう。

「脅し」ととらえない

私は議員の△△さんと仲がいいのよ。あなたがそんなことを言うなら、△△さんに頼むわ。あなたお名前は？

え……それは困ります

じゃぁ、私の言うとおりにしてよ

↓

私は議員の△△さんと仲がいいのよ。あなたがそんなことを言うなら、△△さんに頼むわ。あなたお名前は？

私は山田一郎と申します。△△先生にご相談できれば、良い方法を考えてくださるかもしれませんね

そ……そうね……

おすすめフレーズ！　議員への説明

- ☑ ～なので（詳しい説明）、担当としては○○であると判断します
- ☑ もし～でしたら（代案を提示）、対応は可能です
- ☑ 私では判断しかねますので、課内で検討させてください。つきましては、ご要望を文書でいただけますでしょうか

5 この税金泥棒！
（ののしる）

> 怒り心頭に発し、あなたを口汚くののしる人もいるかもしれません。でも、冷静に。感情的になっては、収拾がつかなくなります。

◘ 泥棒はしていません!?

　「お前みたいなやつに給料を払うのは税金の無駄遣いだ！　この税金泥棒！」と言われて、「泥棒はしてませんよ。あなたより高額な税金を納めていますし」と答えた人を見たことがあります。罵倒されたことをまともに受けて、反撃してはいけません。火に油を注ぎます。ここは冷静に、さらりと受け流しましょう。

◘ ゴールを見失わずに

　時には、「デブ」「ブス」など、外見やプライベートなことにまで言及し、罵声を浴びせる人もいます。そこでいちいち反応せず、軌道修正しましょう。「ご不快な思いをさせてしまい申し訳ありません」と相手の気持ちに寄り添い、怒りをしずめること、納得していただくこと、お引き取りいただくこと……ゴールを見据えましょう。

◘ 執拗に繰り返される場合は

　言われのない侮辱を受け、それが公然と、執拗に繰り返されるようであれば、我慢することはありません。それは立派な犯罪です（刑法231条侮辱罪）。来庁（電話）の日時、回数を記録して、上司や法規担当に相談しましょう。場合によっては、迷惑行為をやめるよう、内容証明を送るという方法もあります。

売り言葉に買い言葉はNG

> この税金泥棒!

> 泥棒なんかしてませんよっ!

> ちゃんと仕事してないんだから泥棒と同じだろうっ!

> この税金泥棒!

> お待たせして申し訳ありません。もしお忙しいようでしたら、書類を郵送することも可能ですが、いかがいたしましょうか

> それでいいから早くしろよ!

> かしこまりました。至急、手配いたします

［ここがポイント！］ イメージトレーニングも効果的！

　いくら仕事とはいえ、個人的に罵倒されるのはつらいですよね。そんなときは、さらりとかわし、クールに対応して一件落着！　そんな自分をイメージしてください。なんだかカッコいいと思いませんか！

第3章 ● シチュエーション別切り返しのフレーズ

6 そんなことも知らないのか！

> ❗ お客様には、社会人としての「大先輩」も大勢いらっしゃいます。あなたが知らないことを知っていても不思議ではありません。萎縮することなく、謙虚に、前向きに受け止めましょう。

◻「恐縮」と「感謝」

　あなたより知識や経験が豊富な市民に、「そんなことも知らないのか」と言われたら、恐縮しつつ、教えていただいたことに感謝しましょう。ただし笑顔はＮＧ。プロとして仕事をしているからには、恥ずかしい、申し訳ないという気持ちを態度でも示しましょう。

◻「縦割り意識」に注意

　指摘された内容が、あなたの担当業務に関係のないことでも、「他の課のことなんか知らないよ！」という理屈は通用しません。それは行政の「縦割り意識」として、最も嫌われ、不満、非難の対象となります。市民にとって、役所はひとカタマリの組織なのです。たとえあなたが組織の中では新米でも、市民にとってはプロです。知らなかったことを謙虚に受け止めましょう。

◻ ほめ言葉も効果的

　指摘された内容が専門的な知識であった場合は、ほめ言葉も効果的です。「へぇ〜知らなかったな！　すごいな！」と心の中で唱えてください。そして、感謝の気持ちを伝えるとともに、相手の「博識」に敬意を表しましょう。

謙虚に、素直に！

> なんだ！そんなことも知らないのか！

> それは当課の担当業務ではありませんから…

> 出た！お役所の縦割り意識！
> 「当課」もへったくれもないんだよ。
> あんたプロだろう？

> なんだ！そんなことも知らないのか！

> 勉強不足でお恥ずかしい限りです。
> ご教示いただき、ありがとうございます

> なんで俺が教えてやらなきゃならないんだ。
> それはあんたの上司の仕事だろう。
> まったく、面倒見切れないよ。わっはっは

[おすすめ言葉！ 恐縮と感謝の気持ちを表す]

- ☑ ご指摘いただきありがとうございます
- ☑ ご教示いただきありがとうございます
- ☑ 勉強不足でお恥ずかしい限りです
- ☑ ○○していただいて、助かります

第3章 ● シチュエーション別切り返しのフレーズ

7 こちらに「来い」と呼びつける

! 自宅や職場まで来いと言われた場合、行くかどうかの判断は、その理由にもよります。行く場合は、決して一人で行かないことが大切です。

▷ 自宅を訪問しやすい部署とそうでない部署

　ケースワーカーや徴収員、訪問員などがいて、業務上、お客様の自宅へ行くことがある部署の場合は、「自宅へ来い」と言われても、さほど不自然ではありませんよね。電話でやり取りしているよりも、面と向かって話したほうが、理解を得やすいこともあるでしょう。

　ただし、あなた一人で行ってはいけません。どんな危険が待ち受けているかわからないからです。上司の判断を仰ぎ、必ず2人以上で訪問するようにしてください。また、あらぬ疑いをかけられては困るので、男性のお宅を訪問するときは、女性職員だけで訪問しない、女性のお宅を訪問するときは、男性職員だけで訪問しないように配慮しましょう。

▷ 訪問する必要がないと判断した場合

　自宅に来させることが目的ではなく、困らせることが目的で言っている場合もあります。腹いせに言っていることもあれば、自分の要求を通すため、無理難題を吹っかけている場合もあります。「来ないなら、こっちがタクシーで行くから、タクシー代を払え」「電車代を払え」といった金銭の要求をすることもあるかもしれません。そんなときは、きっぱりとお断りしましょう。

「訪問しないなら交通費を出せ」と言われたら……

今すぐ来なさい！

いえ、それはちょっと…

来ないならこっちから行くわよ！急いでるからタクシーで行くわ。タクシー代は払ってね

いえ、そうおっしゃられても…

↓

今すぐ来なさい！

この件につきましては、皆さまこちらにいらしてお手続きいただいています

じゃあいいわよ！急いでるからタクシーで行くわ。タクシー代は払ってね

あいにく、来庁される方の交通費を負担することはできません

おすすめフレーズ！　金銭が目的の場合はキッパリと断る
- ☑ 皆さま、こちらにいらしてお手続きいただいています
- ☑ 職務上、お宅に伺うことはできません
- ☑ 交通費を負担することはできません

8 「早くしないと間に合わない」と無理を強いる

> 生命・財産にかかわることで、一刻を争うのであれば、特別な対応も必要です。特別扱いすべきかどうかの判断基準は、ほかのお客様に納得していただけるかどうかです。

◆ みんな忙しい

自分の順番を先にしろと言う理由が、「忙しいから」だけでは、特別扱いはできません。現代人は、忙しい人が多いのです。会社員は、休暇を取って役所に来ているかもしれないし、それが「有給休暇」とは限りません。役所での手続きにかかった時間の分だけ、給料を減らされてしまう人だっているのです。

また、私のような個人事業主でも、役所で1時間待たされるのであれば、ぼんやり待っていることはできません。パソコンを開き、待ち時間でメールの処理などをして、有効に使いたいと思います。ほかにも、夕食の支度や、子どもの送り迎え、高齢者の介護など、誰だって忙しいのですから、それだけでは、特別扱いをすることはできません。

◆ ほかのお客様の許可を得る

自分だけ先に対応しろとおっしゃるのであれば、そのせいで、後回しにされるお客様の許可を得るのが礼儀だと思いませんか。「こういう事情で急いでいるお客様がいらっしゃるので、先に対応してよろしいでしょうか」と、ほかのお客様にお伺いする。「そんな理由では、特別扱いできません」というセリフは、あなたではなく、ほかのお客様が言ってくださるのではないでしょうか。

ほかのお客様が判断する

市民A：おい！ いつまで待たせるんだ！ 3時までに手続きをしないと、うちの会社は1億円の損失なんだ。俺を先に受け付けてくれよ！

職員：お待たせして大変申し訳ありません。ほかにもお待ちになっているお客様がいらっしゃいますので、あと20分ほどお待ちいただけませんか。

市民A：じゃあ、1億円損してもいいっていうのか？ 責任とって、お前が払ってくれるんだろうな！

職員：申し訳ありません。それはできかねます。では、お客様よりも先にお越しいただいたお客様の許可をいただければ、先にお手続きをさせていただきます。
〈市民B・C・Dに向かって〉皆様、こちらのお客様がこのようなご事情ですので、皆様より先に受付をしてもよろしいでしょうか。

市民B：ちょっと待ちなさいよ！ 私だって、デイケアセンターからお爺ちゃんが帰ってきちゃうのよ。後回しにされたら困るわ。（市民Aに向かって）あんた、自分勝手よ。もうすぐなんだから、待ってなさいよ。

市民C：私も子どものお迎えがあるので、後回しにされては困ります。急にお迎えを頼める人もいないし……

市民D：申し訳ありませんが、私も時間がかかればその分、バイト代が減ります。私は1億円などという大金には縁がありませんが、少ないバイト代を減らされたら、とても生活できません。後回しにされては困ります。

市民A：〈気まずそうに押し黙る〉

おすすめフレーズ！ 急いでるという口実で無理を強いるときは
- ☑ 特別な事情があるとのことですが、私では判断しかねます
- ☑ この件につきましては、即答しかねます
- ☑ 上司と相談し、組織の決定を受けなければ対応することは難しいので、お時間をいただけないでしょうか

9 話が長くてエンドレス

> 話し出したら1時間も2時間も止まらない人。何が言いたいのかよくわからないけど、延々と話し続けている人。話を打ち切ることができず、困ってしまったときは……打ち切らなければいいのです！

◘ 早く話を終わらせようとするからストレスになる

「この人、何が言いたいんだろう……」「あ！ またこの人だ！ 話が長くて嫌なんだよな〜」なんて思うと、イライラしてきます。でも、いやいや対応していると、それは相手に伝わってしまいます。「仕事がありますので……」などと言ったら最後です。早く話を終わらせよう、終わらせたいと思わず、じっくり話を聴きましょう。

そもそも、「仕事」とは何でしょうか。市民の話を聴くのも、公務員の仕事です。もしかしたら、最も重要度の高い仕事と言えるかもしれません。不満や不安を訴えられても、制度上、どうしようもないこともあります。そんなときは、せめて話を聴いてあげませんか。たとえたわいない世間話であっても、じっくり聴いて、共感できることを探しましょう。

◘ 話を打ち切らざるを得ないときは

そうはいっても、ほかの方とお約束があったり、重要な会議があったりして、話を終わらせたいときもあるでしょう。その場合は、その旨を伝えるしかありません。どなり散らしている最中は無理ですが、20〜30分も話を聴き、相手も落ち着いていれば大丈夫。話の腰を折らないよう、配慮しましょう。どなりつけられているあなたの様子を見れば、会議くらい遅れたって先輩も上司も叱ったりはしません。

早く終わらせようとすると、かえって長くなる

> もう、こんな話につきあってたら、仕事が片付かないよ〜!

> あのう、仕事がありますので、もうこの辺でよろしいでしょうか

> 仕事って何だ!俺は納税者だぞ!俺の話を聴くのもお前らの仕事だろうっ!

⬇

> ……なるほど、それは大変ですよね。私もそう思います

> あ!もうすぐ3時ですね。○○様、せっかくお話を聴かせていただいていますのに、とても残念なのですが、3時からご相談のお約束があるので、いったんお話を中断させていただいてよろしいでしょうか

> ああ、もうそんな時間か。俺も忙しいんだ。そうそう役所につきあってられん。あとはよろしく頼むよ

ここがポイント！ 「聴く」ことで癒しを

東日本大震災の後、「被災者に対して何もできない」と、自分を歯がゆく思う人がたくさんいました。でも、被災された方の「話をじっくり聴く」だけでも「元気が出た」「癒された」と喜んでいただけることだってあったのです。「対話」は、相手の心も自分の心も癒す大きな力を持っています。

10 インターネット上で公表するぞ

> 何も悪いことはしていないのですから、インターネット上で公表されても、困ることはありません。そうはいっても、事実とは異なることを書かれたり、風評を流されたりしては迷惑です。「ご勝手にどうぞ」と言うことはできません。

◘ 事実と異なることを書かれる恐れも

　インターネット上の情報は、誰でも見ることができるものです。最近は、ソーシャルメディアの利用も進んでいるので、情報の伝達スピードが飛躍的に速くなっています。しかしその情報は、根拠のある確かなもの、有益なものばかりではありません。たとえ誤った情報や有害な情報でも、瞬時に世界中を駆け巡ります。

　あなたは何も悪いことをしていないのですから、公表されて困ることなどありませんが、事実と異なることを書かれる恐れもあります。東日本大震災でも、とんでもない風評が広がりました。「インターネット上で公表するぞ」と言われたら、「何でもご自由にお書きください」とは言えません。

◘ 先回りして釘を刺す

　ブログなどに自分の思いを書くのは自由でも、虚偽の事実を流し、誹謗(ひぼう)中傷することは犯罪であることを伝えて、釘を刺しておきましょう。もし、そのようなことがあったら、法的対応をとる必要があります。

　しかし、誹謗中傷や名誉毀損にあたる記事を書かれてからでは、掲載の削除要求にも日数がかかり、その間にほかの市民を混乱させてしまうことになります。「書いてもロクなことはない」と気づかせることがポイントです。

表現の自由とはいえ……

> そんな対応をするなら、東西市のしたことをブログで公表するぞ！

> それはお客様の自由ですから、私どもでは何とも……

> 市役所はこんな悪事を働いている

翌日

> そんな対応をするなら、東西市のしたことをブログで公表するぞ！

> ほかのお客様を混乱させるような虚偽の事実などを書かれた場合は、法的措置も視野に入れた、しかるべき対応をさせていただきます

> ぐ……

おすすめフレーズ！ 誹謗中傷の流布を未然に防ぐ

　ブログなどで情報を発信するのは、お客様の自由ですので、私どもはとやかく言える立場ではありません。ただし、事実と異なることを掲載されますと、ほかのお客様を混乱させることにもなります。その場合は、法的措置も視野に入れた、しかるべき対応をさせていただきます。

11 誠意を見せろ！

> ❗ 「誠意」とは、どのようなことを期待しているのでしょうか。具体的な要求を見極め、原状回復に努めましょう。

◪ まずは謝罪と改善策を示す

　「誠意」を見せるには、まず謝ることです。また、今後、同じことを繰り返さないために、具体的な改善策を示して、お客様に安心していただくことも必要です。それでも納得しない場合は、具体的な要求を見極める必要があります。

◪ 基本は「原状回復」

　クレーム対応の基本は「原状回復」です。「原状回復」とは、届かなかったものを届け、認定されなかったものを認定し、本来あるべき状況に戻すことです。例えば、「届かなかったことにより不安になり、精神的苦痛を被った」と言われた場合、届いたことにより原状が回復され、精神的苦痛もそこで終わると見なすわけです。

◪ 金銭を要求している場合

　精神的苦痛や、浪費した時間については、心からおわびするしかありません。それでも誠意を見せろという場合は、暗に金銭や利益供与を要求していることがあります。先回りして、「休暇を取った分の補償ということでしょうか」などとこちらから「誠意」の具体策を示してはいけません。「誠意と申しますと、具体的にどのようなことでしょうか」と質問し、相手に言わせてください。

「お金で解決」は解決にならない

市民：どうしてくれるんだよ！　引っ越し先から来たから、往復の交通費が2000円くらいかかっちゃったよ。市が払ってくれるんだろうな！

職員：そ……それは……

市民：それは、じゃねぇよ！　払ってくれるんだよな？　なぁ？

職員：(面倒だから、自分の財布から払おう)かしこまりました。〈と2000円を払う〉

市民：(お！こんな簡単に払うんだ！　もっと大きい金額を請求すればよかった。よし、次はそうしよう……)

▼

市民：どうしてくれるんだよ！　引っ越し先から来たから、往復の交通費が2000円くらいかかっちゃったよ。市が払ってくれるんだろうな！

職員：ご足労いただきありがとうございます。お手数をおかけして申し訳ありませんでした。交通費につきましては、ほかのお客様も交通費と時間をかけてご来庁いただいていますので、A様だけお支払いすることは難しい状況です。

市民：冗談じゃねぇよ！　払うのが当たり前だろ？　なぁ？

職員：それでは、文書でご請求いただけますか。かかった金額と、請求理由を詳しくお書きいただいたものをご提出ください。課内で検討させていただきます。公的なお金からお支払いすることになるので、許可が下りるかどうかはわかりません。また、許可が下りたとしても、お支払いまでは、ご請求からさらに1カ月ほどお時間をいただきたいのでご了承ください。

市民：そんなメンドクサイことできるか！　もういいよ。チェッ！

おすすめフレーズ！　形のないものは見せられない

- ☑ (こちらのミスで時間がかかった場合など)お客様のお手続きを最優先で対応いたします。これが私どもの誠意です
- ☑ お客様がおっしゃっている誠意とは、具体的に何をすることでしょうか
- ☑ 精神的苦痛の補償とは、具体的に何をすればよいのでしょうか

12 一筆書け（念書を書け）

> ❗ 謝罪の気持ちや反省の弁を文書に書けとか、署名押印しろといった要求に、安易に応えてしまうと、あとあと面倒なことになります。個人ではなく組織として対応しましょう。

◘ 念書には法的効力がある

　個人の手書き文書なんて、大した影響はない……などと思ってはいけません。「一筆書け」と言われて、何かを約束する内容はもちろんのこと、謝罪の言葉であっても、書いたものは念書として、法的効力を持つことになります。恫喝（どうかつ）され、恐怖のあまり言いなりになって書いたものだとしても、いったん書いてしまったものを撤回するには、法規担当または弁護士の力を借りる必要があります。

◘ インターネットで公表される恐れも

　念書を盾に損害賠償請求などの訴訟を起こされる……といった大げさなことでなくても、インターネットに掲載されてしまう恐れもあります。あなたの名前や印影をインターネット上で公開することは違法行為です。しかし、いったん掲載されてしまったデータを完全に抹消することは難しいので、そのような事態になることは避けたいものです。

　あなたのミスでお客様に多大な迷惑をおかけしたとしても、謝罪文などを書く必要があれば、きちんと組織決定を受けましょう。もし、個人的に謝罪文などを書いて渡してしまった場合は、その日のうちに上司に報告・相談しましょう。

思わず書いてしまったけれど……

すいませんじゃねえよ！
ホントに済まないと思ってるんだったら
一筆書け、こらぁ！

は…はい…

シメシメ

すいませんじゃねえよ！
ホントに済まないと思ってるんだったら
一筆書け、こらぁ！

お客様にご迷惑をおかけしまして、誠に申し訳ありません。
ですが、あくまで職務上のことであり、個人的な回答書を作成することはできかねます。
何とぞご了承いただけますようお願いいたします

なんだ、気が弱そうだから、
脅せば書くかと思ったのに

おすすめフレーズ！　きっぱりと断りましょう

- ☑ 私個人の判断で文書を発行することはできかねます
- ☑ 個人的な謝罪文を書くことは、控えさせていただきたく存じます
- ☑ 上司と相談し、組織の決定を得なければ、書面を作成することはできません

13 夜道に気をつけろ（暗に脅す）

> ❗ 「夜道に気をつけろ」というのは古典的な脅し文句です。これは立派な脅迫ですが、危険性が低く、むきにならないほうがよいケースもあります。

◘ 怒りのあまり、つい口にしてしまうことも

「夜道に気をつけろ」「夜道は暗いぞ」「月夜の晩ばかりじゃないぞ」というのは、「人通りの少ない暗がりで、お前を襲うぞ！」という意味です。ぞっとするような発言ですが、相手がひどく腹を立てていて、怒りに乗じてつい言ってしまった……ということもあります。

そんなときは、むきになると余計に相手を怒らせてしまいます。「それは脅迫です！　警察に通報しますよ！」などと興奮せずに、冷静に対応しましょう。

◘ 質問で真意を引き出す

暗に脅しているような言葉には、ストレートに反応せず、相手の言葉を使って質問をしましょう。「今、おっしゃった"夜道に気をつけろ"というのは、具体的にどういう意味でしょうか」といった質問をすると、たいてい相手は答えられないでしょう。

ただし、本当に襲われてはたまりません。そのやりとりの記録を残し、上司に報告するとともに、組織内で情報を共有しましょう。

そのような発言が繰り返されるようであれば、単なる脅しではない可能性もあります。相手をけん制するためにも、記録をとっていること、何かあれば直ちに通報できる体制であることを示しておきましょう。

脅し文句の真意を問う

> 月夜の晩ばかりじゃないぞ！

> それは脅しですか？
> 私を脅迫するのですか？
> 警察に通報しますよ！

> 月夜の晩ばかりじゃないと言っただけだ！実際そうだろう！
> だいたい、納税者に向かってその口のきき方は何だ！

↓

> 月夜の晩ばかりじゃないぞ！

> おっしゃっている意味がわからないので教えてください。
> 「月夜の晩ばかりじゃない」というのは、具体的にどういう意味なのでしょうか？

> そんなことも知らないのか。
> おまえなんかと話しても無駄だ。
> もういい

ここがポイント！ 相手の目的に応じて適切な対応を

激高してつい口走った場合
☑ それは具体的にどういう意味でしょうか

冷静な口調で脅すつもりで言っている場合
☑ その発言は記録させていただきます

14 大声で わめく・暴れる

> 第1章でも触れましたが、大声で怒鳴りながらやって来る人、突然怒鳴り出す人、興奮して机やカウンターをたたいたり蹴ったり……そんな大暴れをする人に適切に対応するには、まず、あなたが落ち着くことが大切です。

◘ 1時間も怒鳴り続ける人はまず、いない

　怒鳴っている間は、口をはさむ余地はないですよね。興奮が収まるまでは、うなずいたり相づちを打ったりしつつ、話しを聴きましょう。1時間も怒鳴り続ける人はまず、いません。そのうち、「どうなってるんだ！　わかってるのか！」「はい」「ハイじゃないだろう！　わかってるのかって聞いんだよ！」という具合に、こちらに話しかければしめたものです。まずは「ご不快な思いをさせてしまい、誠に申し訳ありません」といった、相手を怒らせていることに対する謝罪の言葉を伝えます。その後、徐々に「会話」ができる状況を作りましょう。

◘ 非難すると火に油を注ぐことに

　「そんな大声を出すと、ほかのお客様に迷惑ですから」などといさめようとすると、かえって逆上するものです。ここもやはり、Youメッセージではなく I メッセージで、「私は怖い」「私は恐怖のあまり、うまく話しができない」ということを伝えます。
　ただし、中にはどんどん興奮して、机をたたき、壁を殴りつけ、椅子を蹴り倒し……と大暴れをする人もいます。そんなときは、庁舎管理担当に連絡をし、警察に通報することも必要です。

大暴れをするようなら通報も

ここがポイント！ 連絡体制を決めておく

対応している職員は下手に動けないとか、恐ろしさで足がすくんでしまうこともあります。そんなときのための連絡体制を、組織内で決めておくことが必要です。警察に通報するなんて大げさな……と心配されるかもしれませんが、意外に、警察官が来るとおとなしくなって、二度と暴れないものですよ。

第3章 ● シチュエーション別切り返しのフレーズ

15 凶器をチラつかせる

> ❗ 凶器を役所に持ち込むだけで、犯罪です。被害者が出る前に、通報するのが基本です。

◘ 刃物など凶器になるものを持ち歩くだけで犯罪

　「業務その他正当な理由なく」刃物を持ち歩くと、銃刀法違反となります（22条）。刃物だけでなく、鉄パイプ、野球のバット、スパナ、金づちなど、それで殴打することで、「致命傷を与えることができるものを隠し持っていること」も、罰せられる対象となります（軽犯罪法）。

　これらは、役所で手続きや相談をするにあたって、まったく必要のないものですから、携帯していることが不自然です。ましてや、ちらつかせたり振り回したりしている以上、明らかな犯罪行為です。カッとなってなぐりかかられたり、切りつけられたりしてはたまりません。その瞬間、よけたり逃げたりできる保証もありません。見つけ次第、警察に通報しましょう。

◘ 日ごろから訓練を

　そうはいっても、通報しようとしたら切りつけられるのではないかと思うと、なかなか行動に移せないこともあると思います。そんなときのために、サインを決めておくとよいでしょう。行政対象暴力研修などで、職場のみなさんと一緒に練習してみてください。

　刃物など凶器をちらつかせている人の対応をすることは、あなたの公務員人生のなかで、一度あるかないかのレアケースかもしれません。でもそれは、地震や津波と同じ。日頃からの備えが非常に重要です。

通報要請のサインを決めておこう！

> どうしよう…警察に通報しなきゃ…
> でも、そんなことしたら切りつけられちゃうかもしれない…
> よけきれなかったらどうしよう…

> こういうときは、あのサイン（お茶）だわ！

> すみませ〜ん！どなたか、お茶をお出ししていただけますか〜

> お茶？ずいぶん気が利くね

> 何だか乾燥している気がしたものですから…お話を中断して失礼いたしました

> 東西警察ですか。こちら東西市役所です。刃物を持った男がいます

あなたへのお願い 被害者が出てからでは遅い

2011年9月、ある市の職員が、刃物を持った男に刺殺される事件がありました。職員は、男が刃物を持っていることを知らないまま現場に駆け付けて、いきなり刺されたと報道されていました。「あのとき、ああしていれば…」と悔やんでも、失われた命は戻ってきません。ぜひ、日ごろからの備えを！

第 4 章

電話でよくあるトラブルを防ぐ

クレーム対応の基本は、第2章でお伝えしたことと同じです。ただし、電話は窓口対応とは異なり、お互いの顔が見えません。声だけで対応する際に気をつけなくてはいけないことを確認しましょう。

1 電話応対の基本

> 電話でのコミュニケーションは、お互いの顔が見えません。そのため、面と向かって話すより、気持ちが伝わりにくいものです。まずは電話応対の基本をマスターしましょう。

◘ 電話も笑顔が基本

　第2章で「窓口対応は笑顔が基本！」と書きましたが、電話も同じです。暗い声で応対すると、それだけで気分を害されてしまいます。やはり、明るい声は気持ちのいいものです。「声」だけで好感を持っていただくには、電話でも笑顔で話すことが基本です。
　電話が鳴ったとき、「あ〜、嫌だな〜」などと思ってはいけません。受話器に手を伸ばすときに、心の中で「ありがとうございます！」とつぶやき、同時に笑顔を作っておきましょう。

◘ 見えなくても見える!?

　電話では、あなたが何をしているかは相手に見えません。それでも不思議なことに、あなたの表情、態度は、声から伝わってしまうのです。例えば、無表情で「申し訳ありません」と言ってみてください。何だか投げやりな、心がこもっていない言い方になりませんか。何か他の作業をしながら応対するのは厳禁です。相手が目の前にいるときと同じように、言葉に動作もつけましょう。相づちを打つときは、「はい」と言うたびにうなずき、「さようでございますか」のところで、少し深めにうなずきます。「申し訳ありません」と言うときは、机に顔がつくくらい、深々と頭を下げましょう。

相手が目の前にいるつもりで話そう

（蕎麦打ち会のメンバー募集広告なんだけどさぁ、なんであんなちっちゃいの？もっと大きいって聞いたのにさ～）

（はい……はい……そうですか……）

（なんだその態度はっ！人をバカにして！）

↓

（お電話ありがとうございます！東西市広報課報道担当の佐藤順子です）

（蕎麦打ち会のメンバー募集広告なんだけどさぁ、なんであんなちっちゃいの？もっと大きいって聞いたのにさ～）

→

（申し訳ありません！実は……）

（そうか～なるほどね。そういう事情なら仕方ないな～）

［おすすめフレーズ！　ひと通り話を聴き終わったときの謝罪の言葉］

- ☑ 状況が明確で、こちらに非がある場合：さようでございますか。大変申し訳ありませんでした。○○を○○したのですね。
- ☑ 状況がつかみきれないとき：さようでございますか。ご不便を（お手数を・ご迷惑を）おかけしまして、大変申し訳ありません。

第4章 ● 電話でよくあるトラブルを防ぐ

2 怒りを増幅させない 電話のとり方・切り方

! 苦情の電話であればもちろんのこと、単なる問い合わせの電話だったとしても、とり方・切り方次第で感情を害してしまう恐れがあります。接遇研修などで教わったことを今一度、確認しましょう。

◘ 3コール以内にとる

　電話が鳴ったら、3コール以内にとることを心がけましょう。それ以上待たせると、「いつまで待たせるんだっ！」といきなり怒鳴られてしまう恐れもあります。電話が鳴っていてもとることができなかった場合は、「お待たせいたしました」の一言を忘れずに。

◘ 第一声は感謝の言葉

　電話の第一声は、「お電話ありがとうございます」といった感謝の言葉と所属、氏名を伝えます。このとき、早口にならないよう注意してください。課名が長い場合は、直接的な担当業務名を伝えてもいいでしょう。

◘ 電話をかけたほうが先に切る

　電話を切るときには、電話の要件や、今後の対応などを簡潔にまとめ、相手に確認します。最後に相手への感謝の気持ちなどの言葉を添え、話を終えるようにしましょう。
　なお、ご存じかと思いますが、電話はかけたほうが先に切るのがマナーです。かかってきた電話は、こちらが先に切ってはいけません。相手が受話器を置くのを確認してから切りましょう。

はじめ良ければ終わり良し。終わり良ければすべて良し！

もしもし……

**どれだけ待たせるんだ！
こっちは忙しいんだ！
お前ら、高い給料もらってて、
その対応は何だ！**

**お電話ありがとうございます。
東西市広聴担当の田中良子です**

**（ハヤッ）
ちょっと聞きたいことが
あるんだけどさぁ……**

おすすめフレーズ！　クレーム電話を切るときのフレーズ

☑ この度は、ご不便（お手数・ご迷惑）をおかけして、大変申し訳ありませんでした。このようなことがないよう、○○してまいります。今後ともどうぞよろしくお願いいたします。それでは失礼いたします。

第4章 ● 電話でよくあるトラブルを防ぐ

3 「メモ・記録」取り方のコツ

❗ たらいまわしや記憶違いを防ぐためにも、メモは必ず取りましょう。電話では、聞き取りづらいこともあるので、聞き方に注意しましょう。

◘「取り調べ」にならないように注意！

　クレームは、必ずしも苦情とは限りません。それは、客観的な事実をお聞きすることによって気づくこともあります。取り調べのような口調にならないよう配慮し、具体的な状況を聞き取りましょう。
　聞いておくべきことは、次の8点です。
①相手の氏名、②住所、③電話番号、④連絡方法（自宅固定電話・勤務先固定電話・個人の携帯電話・電子メール・訪問など）、⑤連絡してよい曜日や日時、⑥状況、⑦要望、⑧今後の対応
　このうち、⑥状況と⑦要望は、2章でお伝えした「6W3H1M」に沿って記録します。メモの内容の復唱をお忘れなく！

◘ 担当を代わるときにメモを活用

　お話を伺ったところ、ほかの部署の所管だった、上司を出せと言ってきかない、などの理由で、対応を代わってもらうこともあります。その場合にもメモを活用してください。
　クレームは、継続的な対応が必要な場合もあります。また、市民の声として庁内で情報共有することも大切です。そのため、メモには、次の3点も記録しましょう。
①受付日時、②受け付けた担当者名（あなたの名前）、③対応内容（あなたがどのような話をしたか）

「6W3H1M」で報告・連絡・相談もスムーズ

> ご苦労様。で、どういう内容なの？

> いやぁ、参りました。職員の態度が悪いの一点張りで……申請書がどうとか言ってましたけど、でも広聴の窓口がとかも……

> それだけ？もっと具体的な情報はないの？メモとってないの？？？

↓

> ご苦労様。で、どういう内容なの？

> はい。○○にお住いの方で、○月○日○時頃、出張所の窓口に○○の申請に行かれたそうです。そこで……

> それは問題ね。私から出張所の所長に連絡をしておきましょう。ちょっとメモを貸してね

おすすめフレーズ！ 「取り調べ」口調にならない聞き方

- ☑ 恐れ入りますが、お客様のお名前と電話番号をお聞きしてもよろしいでしょうか
- ☑ ご存知の範囲でかまいませんので、担当者名や特徴などお聞かせいただけますでしょうか

4 しつこく電話をしてくるときは

> 何度も繰り返し電話をしてくる人。そのタイプは大きく2種類です。話を聴いてほしいだけの人と、そうではない人。タイプによって、対処方法は大きく異なります。

◨ 話を聴いてほしいだけ……

　はじめは強い口調でも、実はクレームというより、世間話を長々とする方もいらっしゃいます。あなたがきちんと話を聴けばご満足いただけて、当然のことながら、また電話をかけてきます。でも、それは困ることではありません。ある意味、あなたの「ファン」なのですから、ありがたく受け止めましょう。「ファン」はあなたの応援者です。なかなかできないことですよ。誇りに思ってください。

◨ 個人攻撃タイプは危険

　あなたを指名して、連日、電話をしてくる人。あなたが親身になって話を聴いても、一方的に怒鳴りつけたり、侮辱したり。具体的な要望や目的がわからないときは、危険です。行政や政治に対する不満、行き場のない怒りを、あなたに転嫁している可能性があります。この場合は、上司に相談してください。ほかの職員に、対応を代わってもらうほうが安全です。

　それでもしつこく続くようであれば、これはもう業務妨害です。法的措置も視野に入れ、通話回数や通話時間を計測しましょう。電話をかけてくるばかりで、顔を見せないということは、見せたくないのでしょう。そういう人は、ことが大きくなると、逃げ腰になります。

度が過ぎる長電話には毅然とした態度で対応しよう

（コマ1）
男性客：今の政権をどう思ってるんだ？お前の考えを言えよ
職員：お客様、そろそろ電話を切らせていただけないでしょうか
男性客：まだ話は終わってないだろ！！
職員：申し訳ありません。しかし……
男性客：しかしもへったくれもあるか！公務員としてどういう心構えで仕事をしているんだ！クドクド

↓

（コマ2）
職員：お客様、そのお話は昨日もうかがいました。そのようなご質問にはお答えできません
職員：電話をいただいた日時と通話時間を記録しておりますが、連日、長時間にわたって電話回線をふさいでいます。ほかのお客様のご迷惑になりますのでご遠慮ください
男性客：なにぃ？記録をしているだ？そ…そんなもの、どうするつもりだよ…

おすすめフレーズ！　悪質なケースは上司と相談し、毅然とした対応を

- ☑ お客様、もう○○時間お話をしました
- ☑ 連日、長時間にわたって電話回線をふさいでいるので、ほかのお客様のご迷惑になります
- ☑ お客様から電話をいただいた日時と通話時間を記録しております

第4章 ● 電話でよくあるトラブルを防ぐ

5 電話でのNG行動

> 電話ではお互いの様子が見えないだけに、窓口対応以上に気を使わなくてはいけないことがあります。電話応対で、してはいけない行動を確認しましょう。

◘ 保留音を延々と聞かされるのはご免です

電話を保留にして、長時間、待たせてしまうと「いつまで待たせるんだ！」と新たなクレームを生んでしまいます。では、どのくらいなら待たせていいのでしょうか。

保留にするのは30秒が限界です。それ以上かかるときは、電話をいったん切らせていただき、折り返しご連絡するようにしましょう。折り返しの電話は、10分後なのか、30分後なのかも必ず伝えてください。

◘ 「たらいまわし」にしないための心得

ごく普通のお問い合わせを、ビッグクレームに変えてしまう「たらいまわし」。この現象は、あなたとお客様以外に、第三者が加わることによって起きるものです。あなた一人で防ぐことはできません。

「たらいまわし」を防ぐためには、①あなたがメモをとること、②対応を代わる職員に「メモの内容をメモしてもらう」こと。この二つが必要です。口頭で伝えても、聞き落とすことや、記憶に残らないこともあります。たとえ相手が先輩職員であっても「メモのご用意をお願いできますか」と依頼し、あなたが伝える内容を「メモして」もらいましょう。

一人では「たらいまわし」を防げない！

お客様からの
お問い合わせです

メモのご用意をお願いできますか。
保険証が届いていないそうです。
納付書や督促状は届くのに、とお怒りです。
お客様のおっしゃっていたことを申し上げますので、メモしていただけますか

まず、お名前は○○○○様です。
東西町1-1-2にお住まいの方です。
次に届いているものは納付書、
督促状、予防接種のお知らせです

よろしいですか？では次に、届いていないものです。
お聞きした限りでは健康保険証だけです。
不現住の気もしますが、そこは聞いてみていただけますか。では、おつなぎします

お待たせいたしました。
私、国民健康保険担当の鈴木郁子と申します。
○○様の保険証が届かないのですね。
ご不便をおかけして申し訳ありません。
納付書や督促状、予防接種のお知らせは届いているとのことですが、……

そうか！
ポストに名前を書いていないや。だから届かなかったのか〜

[**おすすめフレーズ！** 　電話をつなぐとき

（メモを復唱しながら）「〜ということですね。ご不便をおかけして大変申し訳ありません。詳しくお調べしますので、この電話を担当におつなぎしてもよろしいでしょうか」]

第4章 ● 電話でよくあるトラブルを防ぐ

6 電話応対の基本フレーズ

> ❗ 落ち着いて、スラスラ言えるよう、声に出してくり返し練習しましょう。

〈電話に出る〉
- ☑ おはようございます。東西市○○担当の○○○○（名前）です。ご連絡ありがとうございます（午前10時まで）
- ☑ お電話ありがとうございます。東西市○○担当の○○○○（名前）です

〈相づちを打つ〉
- ☑ はい
- ☑ おっしゃる通りです
- ☑ ごもっともです
- ☑ さようでございますか
- ☑ なるほど

〈謝罪する〉
状況がはっきりしているとき：
- ☑ 大変申し訳ありませんでした。○○を○○した（届かなかった、など）のですね

状況がつかみきれないとき：
- ☑ さようでございますか。ご不便を（お手数を・ご迷惑を）おかけしまして、大変申し訳ありません

〈メモを取る〉
- ☑ 恐れ入りますが、お客様のお名前と電話番号をお聞きしてもよろしいでしょうか
- ☑ 詳しい状況を教えていただきたいので、5分ほどお時間をいただけますでしょうか
- ☑ それはいつのことか、覚えていらっしゃいますか
- ☑ ご存じの範囲でかまいませんので、担当者名や特徴などお聞かせいただけますでしょうか

〈保留にする〉
☑ ただいま確認いたしますので、1分ほどお待ちいただけますでしょうか
※ 保留は30秒以内が基本。ただし、待ち時間を長めに伝えておくと、「早かったじゃないか」と好感をもたれる。

〈電話をつなぐ〉
☑ （メモを復唱しながら）「〜ということですね。ご不便をおかけして大変申し訳ありません。詳しくお調べしますので、この電話を担当におつなぎしてもよろしいでしょうか」

〈電話をつながれた〉
☑ 「お待たせいたしました。私、○○担当の○○○○と申します。○○様の○○が○○（届かない、など）ということですね。ご不便をおかけして大変申し訳ありません。○○とのこと（メモの内容を確認）ですが、……」

〈折り返し電話をする〉
☑ 確認に5分ほどかかりますので、折り返しご連絡いたします。この電話をいったん切らせていただいてよろしいでしょうか
☑ ただいま、担当者が席を外しておりまして、1時間ほどで戻る予定です。戻り次第、担当からご連絡をさしあげますので、この電話をいったん切らせていただいて、1時間ほどお待ちいただけますでしょうか

〈電話を切る〉
☑ この度は、ご不便（お手数・ご迷惑）をおかけして、大変申し訳ありませんでした。このようなことがないよう、○○してまいります。今後ともどうぞよろしくお願いいたします。それでは失礼いたします
☑ また何かお気づきの点がありましたら、ご連絡ください。ご連絡をいただきありがとうございました。それでは失礼いたします

〈タメ口（慣れなれしい言葉遣い）の言い換え〉
☑ わたし→わたくし
☑ ちょっと→少し／しばらく
☑ いますか？→いらっしゃいますか？（×おられますか？）
☑ わかりました→かしこまりました／承知いたしました
☑ わかりません→わかりかねます
☑ 聞いてください→おたずねください（×うかがってください）
☑ すいません→すみません／申し訳ありません

※間違いやすい敬語など、言葉遣いについては、拙著『誰も教えてくれなかった　公務員の文章・メール術』をお読みください。

7 漏れのない応対をするためのメモ様式

❗ このメモを庁内で共有して、たらいまわしを防ぎましょう。

お客様対応MEMO

受付 No.
- 日時　　　年　月　日（　）　：　～　：
- 担当者　　　　　部　　　　　課

内容
- お名前
- ご住所
- 電話番号
- 連絡方法
  - ☐ 自宅固定電話　☐ 勤務先固定電話　☐ 個人の携帯電話　☐ 勤務先の携帯電話
  - ☐ 訪問　☐ 電子メール　☐ その他
- アドレス
- 連絡してよい曜日や日時

状況
- いつ
- 何を
- どこで
- いくらで
- 誰が
- いくつ
- 誰に
- どうして
- どのように

ご要望（箇条書きで）

担当者の対応内容

※このメモは、UCDAフォントを使用しています。
[提供] 一般社団法人 ユニバーサル コミュニケーション デザイン協会。
[参考] UCDAフォントとは ➡ http://www.ucda.jp/jp/font/

このメモは、一般社団法人ユニバーサル コミュニケーション デザイン協会が、第三者の公正な審査を経て、ユーザーにとって見やすく配慮されたデザインであると認証したものです。

第5章

メール・ネットの
トラブル対応

今や、メールでの問い合わせや苦情は当たり前。TwitterやFacebookなどのソーシャルメディアでも、対応を迫られることがありますね。
いずれも、窓口や電話での対応とは異なり、「文字」だけの世界です。その特徴を押さえ、基本的な対応方法を身につけましょう。

1 メール対応の基本

> クレームメールが来ると、返事をどう書いていいやら悩ましいのではないでしょうか。ポイントは3点。基本を押さえれば、大丈夫！

◘ 返信メール3つのポイント

　クレームメールへの返信は、次の3点に注意しましょう。
1．紋切り型の対応をしない
2．対応はスピーディーに
3．メールに必要な要素を順番通りに書く

◘ 紋切り型の対応は怒りを増幅する

　「日頃、東西市政にご理解ご協力を賜り有り難う御座居ます」といった紋切り型の文を見ると、「適当にあしらわれている」と感じます。「苦情メール」というカタマリとして対応するのではなく、心のこもった言葉を送りたいものです。

◘ スピーディーに対応するには

　メールの返信は「24時間以内」が一般的なマナーです。そうはいっても、事実関係の調査や、決裁が必要なこともあるでしょう。時間がかかるときは、①時間がかかることと、②時間がかかる理由をお知らせしておくことが大切です。

　文章を考えるのに時間がかかる方は、「メールの型」を身につけましょう。「何からどう書いていいやら……」と悩むのではなく、必要な要素を順番通りに書けば、漏れがなく時間もかかりません。

対応はスピーディーに

> いったいいつまで待たせるんだ！無視するつもりか！

> 決裁が終わったら返事しようっと

> まじめに検討してくれているんだ…

> ただいま担当職員に詳しい状況を聞いております。1週間ほどお時間をいただけないでしょうか

ここがポイント！　すぐに返事ができないときは

- ☑ 答えられる部分だけ返事を書く
- ☑ 今すぐ回答できない部分は、今すぐ回答できない理由を書く
- ☑ 今すぐ回答できない部分は、いつ、返事をするのかも書く

第5章 ● メール・ネットのトラブル対応

2 メールの型を身につける

> メールには「型」があります。何をどう書くかで悩むのではなく、「必須7項目」を順番通りに書けば、時間もかからず、漏れもありません。

◘ メールの必須7項目

メールに必要な要素は次の7つです。
① 宛名　　　⑤ 本文
② 名乗り　　⑥ 結び
③ あいさつ　⑦ 署名
④ 導入

この7つを順番通りに書いていけば、必要なことをわかりやすく、迅速に伝えることができます。

◘ 顔の見えるメールを書こう

メールは文字だけなので、冷たい、高圧的な印象を与えがちです。第2章にもあるように、親しみや温かみを感じてもらえる表現を心がけましょう。そのため、書き始めは①宛名、②名乗り、③あいさつが必須要素です。

◘ 言い訳は後回し

長々と言い訳を書く前に、まずは④導入で感謝と謝罪の言葉を伝えましょう。詳しい説明は⑤本文に書きます。⑥結びでもう一度、お礼とおわびを書くと、好感度の高い印象が残ります。⑦署名には、問い合わせをしやすいよう、必要な情報を漏れなく書きましょう。

文字だけのメールでは冷たい印象になりがち……

日頃、東西市政に御理解御協力を賜り有り難う御座居ます

広報課の山田順子です。
ご連絡ありがとうございます

あれ、なんだか感じがいいな…

おすすめフレーズ！ 導入は感謝の言葉から

- ご連絡ありがとうございます
- ～についてのご提案をいただき、ありがとうございます
- この度は、○○課窓口までお越しいただいたとのこと、お忙しいところありがとうございます

3 謝罪メールの書き方

> ミスが、あなたのせいではないときもあるでしょう。そうであっても言い訳はせず、潔く謝罪します。ただ謝るだけではなく、原因を特定し、今後の対策も提示できれば、カンペキです！

◘ まずは素直に謝る

　謝罪メールのあいさつは感謝の言葉。導入文は、おわびの言葉です。同僚や委託先事業者が原因で、市民が腹を立てている場合もあると思います。しかし、「○○にきつく言っておきましたので……」など、他人のせいにすると、かえって印象が悪くなります。「私は悪くないのに、なんでこんなことしなきゃいけないのか……」と思っていると、それがつい、文面に出てしまうので注意してください。

◘ 原因と解決策を書く

　単に謝罪の言葉を書くだけでは、市民に納得していただくことは難しいでしょう。同じような失敗を繰り返さないためには、まず、ミスの原因を明確にする必要があります。さらに、今後の対策も伝えることが大切です。

◘ 結びもおわびの言葉で

　最後にもう一度おわびの言葉を書きます。あらためて謝罪に伺う、電話をかけるといったことも含め、今後の行動とあわせて締めくくるとよいでしょう。
　この章の最後にフレーズ集がありますので、参考にしてください。

謝罪メールの基本的な構成

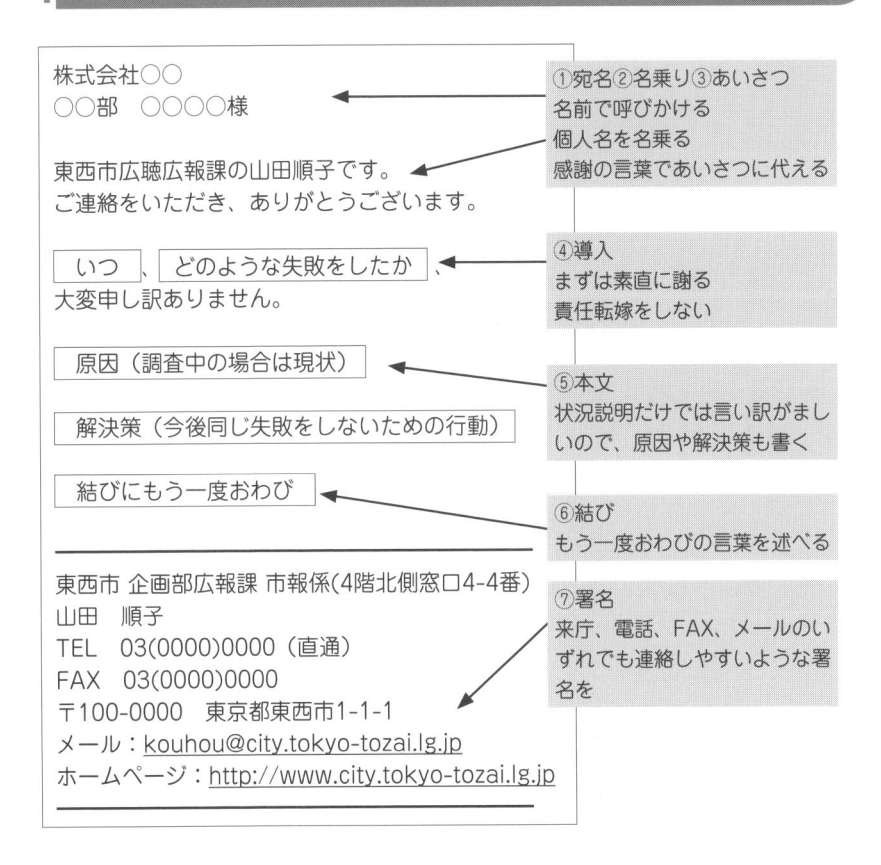

```
株式会社○○
○○部　○○○○様

東西市広聴広報課の山田順子です。
ご連絡をいただき、ありがとうございます。

いつ 、 どのような失敗をしたか 、
大変申し訳ありません。

原因（調査中の場合は現状）

解決策（今後同じ失敗をしないための行動）

結びにもう一度おわび
─────────────────────
東西市 企画部広報課 市報係(4階北側窓口4-4番)
山田　順子
TEL　03(0000)0000（直通）
FAX　03(0000)0000
〒100-0000　東京都東西市1-1-1
メール：kouhou@city.tokyo-tozai.lg.jp
ホームページ：http://www.city.tokyo-tozai.lg.jp
```

①宛名②名乗り③あいさつ
名前で呼びかける
個人名を名乗る
感謝の言葉であいさつに代える

④導入
まずは素直に謝る
責任転嫁をしない

⑤本文
状況説明だけでは言い訳がましいので、原因や解決策も書く

⑥結び
もう一度おわびの言葉を述べる

⑦署名
来庁、電話、FAX、メールのいずれでも連絡しやすいような署名を

おすすめフレーズ！　謝罪フレーズの組み合わせ

☑ 何に対しての謝罪か	☑ おわびの言葉	☑ 結びの言葉
・不快な思いをさせてしまい ・ご気分を害してしまい ・ご無礼があり ・せっかく〜していただいたのに ・ご迷惑をおかけし ・ご心配をおかけし	・誠に（大変）申し訳ありません ・（すでに解決している場合）申し訳ありませんでした	・重ねておわび申し上げます。今後ともご指導のほど、よろしくお願いいたします ・心からおわび申し上げます。これからも、何とぞよろしくお願いいたします

第5章 ● メール・ネットのトラブル対応

4 お断りメールの書き方

> 身勝手な要求は、お断りしなければならないこともあります。かといって、「できませんっ！」では、相手の感情を害してしまい、問題が深刻化したり長引いたりする恐れもあります。

◻ 断る前にお礼を伝える

　ただ断るだけでは、相手の感情を害してしまいます。無理な主張や要望でも、断る前にワンクッション。相手のご意見・ご提案に対する感謝の気持ちを書きましょう。

◻ 断る理由と申し訳ない気持ちを伝える

　なぜ断るのか、理由も必ず伝えます。このとき、「条例第○条で決まっているので」といった紋切り型の理由ではなく、その決まりの存在理由を答える必要があります。理由とともに、「大変、残念ですが……」などの申し訳ない気持ちを伝えましょう。

◻ 今後の関係を考えて対応を変える

　断るだけでなく、「○○をお持ちいただければ、発行することができるのですが……」と代替案も提示すると、相手の感情を害することなく、今後も良好な関係を続けることができます。
　逆に執拗なクレームで、何とか止めたい場合は、ハッキリと断りましょう。理由や代案は不要です。メールの文面も、短く淡白なものがよいでしょう。

お断りメールの基本的な構成

今後も良好な関係を続けたい場合

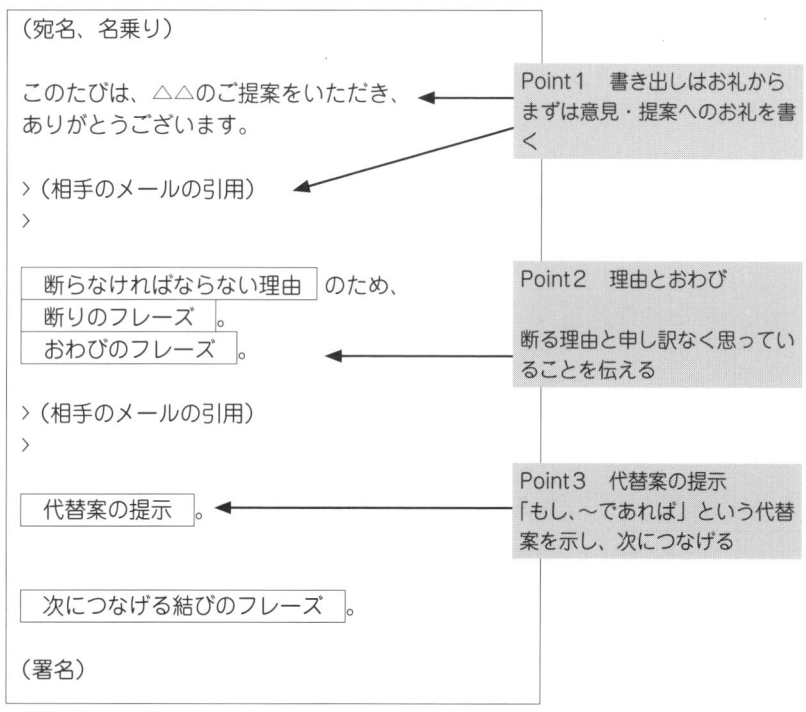

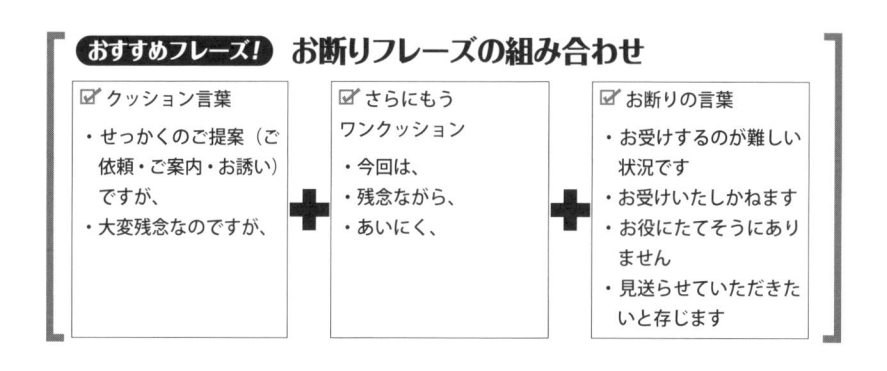

```
（宛名、名乗り）

このたびは、△△のご提案をいただき、
ありがとうございます。

>（相手のメールの引用）
>

 断らなければならない理由 のため、
 断りのフレーズ 。
 おわびのフレーズ 。

>（相手のメールの引用）
>

 代替案の提示 。


 次につなげる結びのフレーズ 。

（署名）
```

Point 1　書き出しはお礼から
まずは意見・提案へのお礼を書く

Point 2　理由とおわび
断る理由と申し訳なく思っていることを伝える

Point 3　代替案の提示
「もし、～であれば」という代替案を示し、次につなげる

おすすめフレーズ！　お断りフレーズの組み合わせ

☑ **クッション言葉**
- せっかくのご提案（ご依頼・ご案内・お誘い）ですが、
- 大変残念なのですが、

＋

☑ **さらにもうワンクッション**
- 今回は、
- 残念ながら、
- あいにく、

＋

☑ **お断りの言葉**
- お受けするのが難しい状況です
- お受けいたしかねます
- お役にたてそうにありません
- 見送らせていただきたいと存じます

5 Twitterでからまれた！

> 匿名性の高いソーシャルメディアや掲示板では、いわれのない非難や想定外の攻撃を受けることがあります。決して感情的にならないことが重要です。

◘ 反撃しても必ず負ける

ひどい時には「お前」「バカ」呼ばわりされることもありますが、応戦してはいけません。公的な立場で、匿名の市民と不毛な議論をしても、決して勝つことはできません。相手を論破しても恨みを買うだけです。たとえあなたが匿名で、個人アカウントを利用していても、公務員だということは隠しきれないので注意してください。

◘ 理不尽な攻撃に対しては「まず謝る」

何を怒っているのか、理解できない投稿もあります。それでも「まず謝る」ことが得策です。「ご不快な思いをさせてしまって大変申し訳ありません。決してご指摘のような意味で書いたのではありません。何とぞご容赦ください。表現力が足りず、ご迷惑をおかけしました。重ねておわび申し上げます。」(94文字) しつこく繰り返す場合はこちらも謝罪を繰り返します。そのうち相手も飽きるでしょう。

◘ 行政に対する不満にはきちんと対応を

たとえ言葉は悪くても、制度や窓口対応に対する不満であれば、貴重な意見と受け止め、きちんと対応する必要があります。匿名で口汚くののしっている場合は、「メールなどでもう少し詳しく聴かせていただけませんか」と促すのもよいでしょう。

感情的になったらあなたの負け！

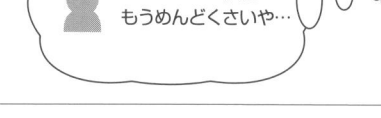

name：
なんて失礼な奴だ！俺に死ねというのか！役所がこんな奴を雇っているのはおかしい！

Taro Suzuki：
何か勘違いをされているのではないでしょうか？

name：
その口のきき方は何だ！この税金泥棒が！バ〜カ！お前が死ね！

↓

name：
なんて失礼な奴だ！俺に死ねというのか！役所がこんな奴を雇っているのはおかしい！

Taro Suzuki：
ご不快な思いをさせてしまったようで大変申し訳ありません

…つまんない反応！もうめんどくさいや…

おすすめフレーズ！ 感情的にならず、とにかく謝る

- ☑ ご不快な思いをさせてしまい申し訳ありませんでした
- ☑ 誤解を与える表現で申し訳ありませんでした
- ☑ 何とぞご容赦ください
- ☑ Twitterではお答えいたしかねます。何とぞご容赦ください

6 Facebookで意味不明のコメントが付いた

> Facebookでは、罵声を浴びせられることはまずありませんが、時々、意味不明のコメントが付くこともあります。悲観的に解釈しないことが得策です。

◘ Facebookは「肯定の文化」

　Facebookのアカウントは、実名登録が義務付けられています。顔写真や勤務先も公開している利用者が多く、そのせいか、理不尽な非難、攻撃を受けることはまずありません。Facebookは、常識的な大人の社交場といったところでしょうか。利用者はお互いを認め合い、良いところを褒め合います。そこから、Facebookは「肯定の文化」とも呼ばれています。

◘ 肯定的に、前向きに

　しかし、時には解釈に苦しむコメントが付くことも。語気が荒いのは、自分が何か相手の気に障ることを書いてしまったのか、あるいはほかの誰かに腹を立て、むしろ自分に賛同しているつもりなのか……悩んでしまうこともあります。

　判断しかねるときは、「コメントをいただきありがとうございます」とお礼でかわします。あるいは、「いいね！」をクリックするだけでもいいでしょう。そのせいで、「いいね！　じゃないでしょう！　あなたはどう思っているんですか？　東西市はそんなことでいいんですか？」などと、怒りをあらわにしたコメントがつくかもしれません。その場合は、Twitter同様、謝ってしまいましょう。

　相手も自分も肯定して、前向きに受け止めることが大切です。

思い悩まず、前向きにとらえよう

> name：細かいことにグチグチ言う人って、めんどくさくてヤだよね〜 そんなことどうでもいいじゃん！

え？誰のこと？俺のこと？

オロオロ

> Taro Suzuki：細かいこととは、具体的にどのことを指しているのでしょうか。メンドクサイ奴は私でしょうか

↓

> name：細かいことにグチグチ言う人って、めんどくさくてヤだよね〜 そんなことどうでもいいじゃん！

ん？何のことだろう？
…まぁ、いいか

> Taro Suzuki：コメントをいただき、ありがとうございます！ホント、そうですよね〜

ここがポイント！ ソーシャルメディアは「対話」と「共感」

　一方的な情報発信ばかりだと、突然、攻撃を受けることがあります。また、誰も「いいね！」を押してくれない、コメントもつかない……という状況に。公式アカウントを運用している方も、個人で楽しんでいる方も、ほかの人との「対話」を通して「共感」を得る楽しさを味わってみてください。

第5章 ● メール・ネットのトラブル対応

7 「炎上」しないために気をつけたいこと

> インターネットは情報の波及スピードが速く、たった一晩で「炎上」と呼ばれる状態になることもあります。不用意な発言で炎上しないよう、公務員としてはくれぐれも注意してください。

◘ インターネットは延焼速度も速い

　ソーシャルメディアでの投稿やブログ記事に対して、批判的な意見と、それに反対する意見が次々と投稿され、どちらも感情的になり収拾がつかなくなることがあります。これを「炎上」と呼びます。
　今や、ソーシャルメディアによる情報共有が進んでいるので、燃え上がるまでのスピードが速く、延焼範囲も広域にわたります。

◘「炎上」を避けるためには

　公務員のあなたが、悪意ある投稿をするわけはありません。むしろ、悪気がなくて書いたことで、炎上してしまう恐れがあるのです。
　では、何が火種になるのでしょうか。それは、個人の立場や信条にかかわることです。人は、社会的・歴史的・文化的背景により、物事の受け止め方が異なります。政治、宗教、戦争、人種、性差、職業などについては、たとえ勤務時間外であっても、うかつに論じることは避けたいものです。例えば戦争について、善か悪かの二元的な思考に基づき、140文字（Twitterの場合）で語るのが難しいことはおわかりでしょう。
　また、世の中で絶対に正しいとみなされていることも、表現によっては逆差別につながります。一方的、断定的な表現は避けましょう。差別用語にも要注意。巻末の付録で確認してくださいね。

「持論」の披露は慎重に！

> 白人が黒人を差別した！人種差別は断じて許さない！

> これはいい話だ！シェアしようっと♪『人種差別反対っ！』

> そんな目くじら立てなくても……

> いや、人種差別はよくないよ！

> いや、これはいい話ではないか！

> それって逆差別じゃないの？

> 白人が黒人を差別した！人種差別は断じて許さない！

> 白人＝黒人を差別するという決めつけはどうかな…そうじゃない人だってたくさんいるのに・・・

> いや、人種差別はよくないよ！

> そんな目くじら立てなくても……

> いや、これはいい話ではないか！

> それって逆差別じゃないの？

ここがポイント！ ルールやマナーを守り社会に貢献

　ソーシャルメディアは、直訳すれば「社会的媒体」です。利用にあたって最低限、必要とされるのは社会性。社会の一員として、ルールやマナーを守り、社会に貢献することです。

8 クレームを未然に防ぐ ソーシャルメディア活用術

> TwitterやFacebookは、「情報発信ツール」ととらえられがちですが、実は、情報収集ツールとして活用することで、クレームを未然に防ぐことが可能です。

◘ ソーシャルメディアは一瞬にして情報が拡散される

　ソーシャルメディアは情報共有に適したツールです。Twitterには「リツイート（RT）」、Facebookには「シェア」といった機能があり、情報の拡散スピードを加速させます。役所に対する批判や不満もあっという間に広がります。

　実際に、一晩で情報が拡散され、翌朝登庁してみたら、苦情や問い合わせの電話とメールでてんてこ舞い……という例もありました。

◘ クレームを未然に防ぐ

　ソーシャルメディアでは、デマや間違った情報もあっという間に拡散します。間違った情報に基づくクレームは、できる限り減らしたいものですよね。混乱を防ぐためにも、早い段階で正しい情報を提供することが求められます。

　そうはいっても、1日中、あるいは一晩中、ソーシャルメディアを監視することは不可能です。そこで、ツールを使った情報の自動収集をお勧めします。これは、あらかじめキーワードを設定しておくと、そのキーワードを含む投稿があったことをメールで知らせてくれるものです。苦情を言われるのを待つのではなく、「ぼやき」の段階で積極的にサポートするツールとして、活用してください。

「アクティブ・リスニング」で「火種」を絶つ！

おすすめツール！ 投稿を知らせてくれるツール

「TOPSY」(http://topsy.com/)、「twilert」(http://www.twilert.com) などを使って、「○○市」「○○課」あるいは、具体的な事業名（例：放置自転車）や施設名（例：○○図書館、○○公園）などのキーワードを設定しておくとキーワードを含む投稿をメールで知らせてくれます。

第5章 ● メール・ネットのトラブル対応

9 メールやネットのクレーム対応フレーズ集

! メールやソーシャルメディアで使えるフレーズを集めました。

〈書き出しのお礼〉
- ☑ このたびは、△△のご提案（ご意見・お問い合わせ）をいただき、ありがとうございます
- ☑ ○○様からのご提案（ご意見）、光栄です
- ☑ ご連絡ありがとうございます

〈謝罪のフレーズ〉
- ☑ 不快な思いをさせてしまい
- ☑ ご気分を害してしまい
- ☑ ご無礼があり
- ☑ せっかく～していただいたのに
- ☑ ご迷惑をおかけし
- ☑ 不手際がございましたこと、
- ☑ 失礼がございましたこと、

＋

- ☑ 誠に（大変）申し訳ありません
- ☑ 深くおわび申し上げます
- ☑ おわびの言葉もございません
- ☑ 申し開きのしようもございません

〈原因・対策の説明〉
- ☑ 原因を調査しましたところ、～が判明いたしました
- ☑ ～と深く反省しております
- ☑ お恥ずかしい限りです
- ☑ 心苦しい限りです
- ☑ 今回のことを厳粛に受け止め、
- ☑ 今後、二度とこのようなことがないよう、

- ☑ 細心の注意を払っていく所存でございます
- ☑ ～を徹底してまいります
- ☑ これまで以上に気を引き締めて～に取り組んでまいります
- ☑ （確認、連絡など）を失念しておりました（×忘れていました）

〈結びのフレーズ〉
- ☑ 重ねておわび申し上げます
- ☑ 心からおわび申し上げます
- ☑ これに懲りず、今後とも何とぞよろしくお願いいたします
- ☑ お忙しい中、ご連絡をいただき、ありがとうございました
- ☑ ご了承いただけましたら幸いです

〈断る理由〉
- ☑ 上司と相談した結果、
- ☑ 課内で検討した結果、
- ☑ ○○と比較して、
- ☑ △△（コスト、ほかのお客様との公平性など）の点で、
- ☑ ○○の点で制約があり、
- ☑ ○○という決まりがあり、
- ☑ 力不足で、
- ☑ かえってお客様にご迷惑をおかけすることになりますので、
- ☑ ご満足いただける結果を出すのが難しいため、
- ☑ （コストがかさむ、サービス品質が低下するなどデメリット）恐れがありますので、

〈やんわり断る〉
- ☑ せっかくのご提案（ご意見）ですが、
- ☑ 大変残念なのですが、

　　＋
- ☑ 今回は、
- ☑ 残念ながら、
- ☑ あいにく、

　　＋
- ☑ お答えするのが（ご期待に応えることが）難しい状況です
- ☑ ○○（お答え　など）いたしかねます
- ☑ お役にたてそうにありません
- ☑ 見送らせていただきたいと存じます

〈キッパリ断る〉
- ご遠慮申し上げます
- お断り申し上げます

〈おわび〉
- せっかくご提案(ご意見・お問い合わせ)いただきましたのに、
- 大変、心苦しいのですが、
  ＋
- ご期待に応えることができず、
- ご意向に添えず、
- お力になれず、
  ＋
- 残念です
- 申し訳ありません

〈代替案〉
- もし△△ならば可能ですが
- 次回は必ず
- またの機会に、

〈今後につなげる結び〉
- 今後ともよろしくお願いいたします
- 引き続き、よろしくお願いいたします
- ご理解賜りますよう、お願いいたします
- ご容赦のほど、よろしくお願いいたします
- またのご提案(ご意見)を心よりお待ちしております

〈淡白な結び〉
- このたびはありがとうございました
- それでは失礼いたします

※メールのフレーズは、拙著『言いたいことが確実に伝わるメールの書き方』(明日香出版社)をご覧ください。

付　　録

差別語・不快語

特に気を付けたい「差別語・不快語」と呼ばれるものの主な言い換え例を、**1．性別**、**2．身分・職業・職種**、**3．心身の状態・病気**、**4．子ども・学校**、**5．人種・民族・地域**、**6．俗語・隠語・不快語**に分類しまとめました。

　この資料は、定期的に人権研修に参加し人権問題の歴史と現状を正しく理解していることを前提に作成したものです。⑴単純な差別語・不快語の言い換え、⑵動作やまなざしが差別的表現になる場合があることに注意しましょう。

1．性別

〈原則〉
・男女のいずれかを排除したり、いずれかに偏ったりしない
・性別により役割を固定化しない
・必要以上に性別による区分を行わない
・女性を特別視する表現や、男性側に対語のない女性表現は使わない
・男女の敬称は統一する
・肩書き・職業名は性別を明示しない表現にする
・家父長制に基づいた表現は使わない

差別語・不快語	言い換え	備考
婦警、婦人警官	警察官（警官）	必要があれば警察官（警官）に「女性の」を付ける
入籍する	婚姻届を提出する、結婚する	養子縁組は使用可
内縁の妻	同居の○○さん	
帰国子女	帰国児童、帰国生徒、帰国学生	
スチュワーデス	客室乗務員、フライト・アテンダント、キャビン・アテンダント	
保健婦・保健士	保健師	〈保健師助産師看護師法〉
助産婦	助産師	同上
看護婦・看護士	看護師	同上
保母・保父	保育士	〈児童福祉法施行令〉

差別語・不快語	言い換え	備考
老人、お年寄り	高齢者、〇歳の（男性・女性）	不快感を与える場合があるので、「お年寄り」はなるべく使わない
男性：□□氏 女性：○○さん	男女とも□□さん、○○さん 男女とも□□氏、○○氏	敬称を男性は「氏」、女性は「さん」のように性別で区別しない
主人、亭主	夫、パートナー	
家内、女房	妻、パートナー	
嫁	妻、息子の妻	
花嫁	妻	
姑（しゅうとめ）	夫の母	
女房役	補佐役	
婦人	女性	
青少年	子ども、学生、子ども・若者	法令用語は使用可
共稼ぎ	共働き	「共稼ぎ」には、「ともに金を稼ぐ」ニュアンスがあるため
寡婦・寡夫	女性・男性、死別女性・死別男性	法令用語は使用可
主婦	女性	
ＯＬ	会社員（社員）、労働者、ビジネスパーソン	必要があれば、会社員や労働者に「女性の」を付けるか、働く女性、ビジネスウーマン、ワーキングウーマンに
サラリーマン、ビジネスマン	会社員（社員）、労働者、ビジネスパーソン	
行政マン、広報マン	行政パーソン、広報パーソン	
セールスマン、営業マン	営業職、営業社員、セールススタッフ	
カメラマン	撮影スタッフ、フォトグラファー	
オンブズマン	オンブズパーソン、オンブズ	

差別語・不快語	言い換え	備考
キャリアウーマン	ビジネスパーソン	必要があれば、働く女性、職業を持つ女性に
マドンナ○○ 例：マドンナ議員、マドンナ講師	○○ 例：議員、講師	
ママさん○○ 例：ママさんゴルファー、ママさんランナー	○○ 例：ゴルファー、ランナー	
女性○○ 例：女性議員、女性弁護士、女性党首	○○ 例：議員、弁護士、党首	必要があれば「女性の」を付ける
女流○○ 例：女流作家、女流建築家、女流陶芸家	○○ 例：作家、建築家、陶芸家	「女流名人」など固有名詞は可
主婦○○ 例：主婦作家、主婦スタッフ	○○ 例：作家、スタッフ	
女子高（校）生	高校生	
女医	医師	
女優	俳優、役者	
母国	出身国、故国、祖国	
母校	出身校	
うち女性（女子）○人	男性（男子）と女性（女子）の数を併記する。「女性（女子）を含む」は「男女○人」とする	意味なく男女別の数を掲載しその差を強調しない
未婚	独身、シングル	
男勝り、職場の花、処女小説、才媛、才女、才色兼備	×	女性をことさらに強調したり特別扱いしたりする表現は使わない
処女作品	初作品、第一作	同上
夫唱婦随、女は愛嬌（あいきょう）男は度胸、売れ残り、女のくせに	×	男性優位社会の表現は使わない
出戻り	離婚して実家に戻って	同上

差別語・不快語	言い換え	備考
女々しい、女の腐ったような、男のくせに、男らしい	×	男性に対する差別・偏見を生む表現は使わない
美人○○ 例：美人秘書、美人アナ	○○ 例：秘書、アナウンサー	興味本位の表現は使わない
ブス、醜男（ぶおとこ）、デブ、チビ、ハゲ	×	容姿に言及する表現は使わない

2．身分・職業・職種

差別語・不快語	言い換え	備考
同和	×単体では使用しない	「同和教育」「同和行政」などに
特殊部落	被差別地区、被差別部落、同和地区	
部落	△被差別部落の意味では不適切な表現	一般語の村落の意味で使う場合も「部落」は使用しないで「村落、集落、地区」に
人夫、工夫	作業員	
土方、土工	建設労働者、（土木）作業員	
農夫、百姓	農民、農家の人、農業従事者	
掃除婦・清掃夫	清掃作業員、清掃従業員	
家政婦	お手伝いさん、家事手伝い、ハウスキーパー	
芸人	「お笑い芸人」などは使ってもよい。一般的には芸能人を使う	
浮浪者	路上生活者、ホームレス	
出稼ぎ（作業員）	季節労働（者）	
日雇い	日雇い労働者、自由労働者	
ぽん引き	客引き	
バーテン	バーテンダー	
板前	調理師、板前さん	
坊主	僧、僧侶、（お）坊さん	比喩的な「てるてる坊主」「三日坊主」は使用可

差別語・不快語	言い換え	備考
あんま	マッサージ師	
サラ金	消費者金融	
町医者	開業医	
床屋	理髪店、「床屋さん」※	※愛称的な表現なので使用可
八百屋	青果店、「八百屋さん」※	※同上
魚屋	鮮魚店、「魚屋さん」※	※同上
肉屋	精肉店、「肉屋さん」※	※同上
酒屋	酒店、「酒屋さん」※	※同上
花屋	生花店、「花屋さん」※	※同上
本屋	書店、「本屋さん」※	※同上
業者	事業者、取引先、外注先、「業者さん」	法令用語は使用可

3．心身の状態・病気

差別語・不快語	言い換え	備考
障害・障碍（がい）	障がい	法令用語、障がい者団体などの固有名詞を除く
めくら	目が不自由な人、目の見えない人、視覚障がい者	
おし	言葉が不自由な人、口の利けない人	
つんぼ	耳が不自由な人、耳の聞こえない人、聴覚障がい者	
びっこ	足が不自由な人、足に障がいのある人	
気違い（キチガイ）	精神障がい者	
かたわ	体が不自由な人、身体障がい者	
不治の病	×	医学の進歩で治らない病は少なくなっているため
難病	△厚生労働省指定難病（特定疾病）以外は使わない	
奇形児	肢体の不自由な子ども	

差別語・不快語	言い換え	備考
文盲（もんもう）	読み書きのできない人、非識字者	
文盲率（もんもうりつ）	読み書きのできない人の割合、非識字率	
色盲、色覚異常	色覚障がい	
知恵遅れ	知的障がい、知的発達の遅れた子（人）	
低能	知的障がい、知的発達の遅れた子（人）	
精神薄弱、精薄	知的障がい、精神遅滞	
精神病院	精神科（病院）、神経科（病院）	
精神分裂病	統合失調症	〈日本精神神経学会〉
白痴	知的障がい	
植物人間	植物状態（の患者）	
アルコール中毒、アル中	アルコール依存症	慢性のアルコール中毒のこと。2度目の記載からは「依存症」〈世界保健機関〉
急性アル中	急性アルコール中毒	
痴呆（ほう）	認知症	〈介護保険法など〉
成人病	生活習慣病	〈公衆衛生審議会〉
めくら判	内容を確かめもせず（いいかげんに、よく調べずに）判を押す	
自閉症的、自閉症気味	×	
盲目的	分別を欠いた、理性がない	

4．子ども・学校

差別語・不快語	言い換え	備考
滑り止め	安全校	
登校拒否児	不登校の児童・生徒	
落ちこぼれ	授業についていけない子ども（児童・生徒）、学習が遅れがちな子ども（児童・生徒）	
帰国子女	帰国児童、帰国生徒、帰国学生	性別欄より再掲

差別語・不快語	言い換え	備考
女子高（校）生	高校生	同上
特殊学級	特別支援学級	〈学校教育法〉
（心身）障害（児）学級	特別支援学級	同上
養護学校	特別支援学校、固有名詞の場合は○○養護学校	同上
盲学校	特別支援学校、固有名詞の場合は○○盲学校	同上
ろう学校	特別支援学校、固有名詞の場合は○○ろう学校	同上
父兄（会）	保護者（会）	
片親	ひとり親、母子家庭・父子家庭	
私生児	○○さんの子	法律上のみ「非嫡出子」
混血児	「父が日本人で母がドイツ人の児童」など具体的に書く	
鍵っ子	△子どもにレッテルを貼ることになりがちなので安易に使わない	
ちびっ子	△なるべく使わない	

5．人種・民族・地域

差別語・不快語	言い換え	備考
後進国、未開国、低開発国	発展途上国	
土人、原住民	先住民（族）、現地人	〈アイヌ文化振興法〉
黒んぼ、ニグロ	△黒人	人種問題で明記する必要のある場合以外は、黒人とする必要はない
外人、外人墓地	外国人、外国人墓地	
帰化	国籍取得	〈国籍法〉に基づく「帰化申請」は使用可
支那	中国	東シナ海、南シナ海は使用可
支那そば	ラーメン、中華そば	

差別語・不快語	言い換え	備考
支那竹（シナチク）	メンマ	
アイヌ人	アイヌ（民族）	初出は「アイヌ民族」とする。
（第）三国人	×終戦直後に日本在住の朝鮮人、中国人に対して用いた「（第）三国人」は使わない	例えば日米交渉で両国以外の国という意味で使う「第三国」はよい
ジプシー	ロマ、ロマ民族	「流れ者」「放浪者」の意味で「ジプシー選手」などとは使わない。「ジプシー音楽」や音楽題名は使用可
エスキモー	イヌイット	「エスキモー犬」は使用可。イヌイットはカナダでの公式名称
インディアン	「インディアンうそつかない」など比喩的な表現は避ける	
マオリ族	マオリ人、マオリ	

6．俗語・隠語・不快語

不快感を与える言葉や、品位の落ちる言葉、隠語などは、特に必要な場合以外は使わない。

差別語・不快語	言い換え	備考
強姦（ごうかん）	（女性・性的）暴行、乱暴	被害者が特定される恐れがない場合に限り、罪名・容疑名は「強姦（ごうかん）」を使ってもよい
ドヤ街	簡易宿泊所の集まっている所	
飯場（はんば）	（建設）作業員宿舎	
たこ部屋	劣悪な作業員宿舎	
どさ回り	地方巡業	
足切り	二段階選抜、予備選抜	

差別語・不快語	言い換え	備考
スキンヘッド	頭をそり上げた、そり頭	ドイツのネオナチや白人至上主義者を形容する場合以外はなるべく使わない
坊主頭、坊主刈り	丸刈り	
バカチョンカメラ	簡易カメラ、軽量カメラ、全自動カメラ	
皮切り	手始め	
片手落ち	公平を欠く、バランスを欠く	
サツ	警察	
デカ	刑事	
ガサ入れ	家宅捜索	
ホシ	容疑者、犯人	
ブタ箱	留置場	
ムショ	刑務所	
高飛び	海外に逃亡	
上前をはねる、ピンはね	横領した	
目玉	○○の呼び物・売り物・見もの	「○○の目玉は…」という形で使われるが、俗っぽい常とう句（決まり文句）なので使用を避けたい
将棋倒し	折り重なるように倒れる	
チャリンコ	自転車	
ブラインドタッチ	タッチタイピング	
やばい、いちゃもんをつける、ガンをつける、けつをまくる、落としまえ、ずらかる、ヤク、シマ、たれ込み、ぱくる、スケバン	×	使用を避けたい隠語など

※備考欄の〈　〉は根拠法令など

【主な法令改正等の経緯】

1981（昭和56）年：医師法など９つの法律に使われていた「つんぼ」「おし」「めくら」をやめ、「耳が聞こえない者」などに変更
1982（昭和57）年：162の法律に使われていた「不具」「廃疾」「白痴者」を「障害」「疾病」「重度障害」「障害のある者」などに変更
1996（平成８）年：公衆衛生審議会、「成人病」を「生活習慣病」に変更
1997（平成９）年：アイヌ文化の振興並びにアイヌの伝統等に関する知識の普及及び啓発に関する法律（アイヌ文化振興法）施行※北海道旧土人保護法と旭川市旧土人保護地処分法は廃止
1999（平成11）年：改正児童福祉法施行令施行。「保母」を「保育士」に変更。児童買春・ポルノ禁止法施行
2002（平成14）年：保健師助産師看護師法（旧保健師助産師看護師法）施行。「保健婦・保健士」「助産婦」「看護婦・看護士」を「保健師」「助産師」「看護師」に変更。日本精神神経学会総会で「精神分裂病」を「統合失調症」に変更、厚労省がその旨通知
2005（平成17）年：『「痴呆」に替わる用語に関する検討会』報告を受け、厚労省が「痴呆（ほう）」を「認知症」に変更する旨通知。介護保険法等改正
2007（平成19）年：改正学校教育法施行。「特殊教育」、「養護学校」「盲学校」「ろう学校」、「特殊学級」を「特別支援教育」、「特別支援学校」、「特別支援教室」に変更
2010（平成22）年：子ども・若者育成支援推進法施行

【参考文献（付録）】

「記者ハンドブック新聞用字用語集」〈第12版〉（共同通信社、2010年）
「朝日新聞の用語の手引」（朝日新聞出版、2010年）
「ＮＨＫことばのハンドブック」〈第２版〉（ＮＨＫ出版、2005年）
「きっと変えられる性差別語―私たちのガイドライン」上野千鶴子・メディアの中の性差別を考える会編（三省堂、1995年）
「差別語不快語」小林健治（にんげん出版、2011年）
「私家版　差別語辞典」上原善広（新潮社、2011年）
「特別区職員ハンドブック2011」（時事通信出版局、2011年）

参考文献

「人は見た目が9割」竹内一郎（新潮社、2005）

「対人認知の心理学2」碓井真史
（オンライン）
　http://www.n-seiryo.ac.jp/~usui/deai/0142tajijinnsinnri2.html.

「現代社会心理学特論」森津太子（放送大学教育振興会、2011）

「公務員のためのクレーム対応マニュアル」関根健夫（ぎょうせい、2009）

「クレーム電話完全対応マニュアル」尾形圭子（大和出版、2010）

「仕事耳を鍛える」内田和俊（筑摩書房、2009）

「プロ法律家のクレーマー対応術」横山雅文（PHP研究所、2008）

「クレーム処理入門」弘兼憲史・援川智（幻冬舎、2008）

「心を疲れさせない技術」中村友妃子・田村綾子（青春出版社、2008）

「しあわせは、すぐ近くにある。今日から成功できる39の法則」マツダミヒロ（大和書房、2008）

「誰も教えてくれなかった　公務員の文章・メール術」小田順子（学陽書房、2011）

「言いたいことが確実に伝わるメールの書き方」小田順子（明日香出版社、2011）

あとがき

　最後まで本書をお読みいただき、ありがとうございます。
　いかがでしたか。

　日々のクレーム対応で、心も体も疲れ切ってしまうこともあるかもしれません。
　でも、クレームがなくなることはないのです。
　それならば、前向きに付き合ったほうがいいと思いませんか。

　クレーム対応は、あなたの受け止め方、考え方次第です。
　「そんなお説教は聞きたくない」と思うかもしれませんが、本当にそうなのです。
　だまされたと思って、本書に書かれていることを試してみてください。
　心がすうーっと軽くなるのがわかると思います。

　2011年３月11日の東日本大震災で、たくさんの「仲間」の命を失いました。
　そう、私は今でも勝手に、公務員を「仲間」だと思っているのです。

　あなたは私にとって「仲間」であると同時に、「日本の未来を担う大切な人財」です。
　なぜならば、あなたが一人ひとりのお客様を大切にすることで、幸せな人が増えるからです。

　お客様を大切にするには、まずは自分を大切にしてください。
　あなたが元気に、楽しく仕事をすることが、日本を元気にするのです。

　どうか、それを忘れないでください。私からのお願いです。

2012年４月

小田順子

【編著者】小田順子（おだ・じゅんこ）
　　　　　広報コンサルタント

1965年生まれ、法政大学通信教育部文学部日本文学科卒業。放送大学大学院修士課程（文化情報学プログラム）修了。

東京・中野区役所に15年間勤務し、区立小学校、国民健康保険課、情報システム課、広聴広報課、保健所を経て、2007年4月に独立。

広聴広報課在籍中は、接客の最前線に立つ職員とのコミュニケーションを重視し、「区民の声」のデータベース化、「よくある質問」集の作成を手掛けた。また、独特の接客姿勢により、数々のビッグ・クレームを瞬時に解決した経験を持つ。

現在は広報コンサルタントとして、自治体、公益団体、大企業など、公益性の高い組織を支援。広聴、広報、クレーム対応の文章術、ソーシャルメディア運営などの研修で全国を飛び回る。

著書に『誰も教えてくれなかった　公務員の文章・メール術』（学陽書房）、『自治体のためのウェブサイト改善術』（時事通信社）、『言いたいことが確実に伝わるメールの書き方』（明日香出版社）がある。

【著　者】小野　聡（おの・さとし）
　　　　　行政書士、特定社会保険労務士、個人情報保護士、魔法の質問認定講師、「役所屋本舗」代表

1956年、福島県生まれ。1980年青山学院大学法学部私法学科卒業、中野区に入区。

教職員人事、都市整備、予算、企画、総務、広聴広報、防災事務に従事し、2007年退職。

同年小野行政書士・社労士事務所を開業。弁護士、司法書士、税理士、行政書士、社会保険労務士などの専門家集団「役所屋本舗」を立ち上げる。

著書に、『誰も教えてくれなかった公務員の文章・メール術』（学陽書房）〈共著〉、『パブリックアメニティ』（ぎょうせい）〈共著〉がある。

これで怖くない！公務員のクレーム対応術

2012年6月7日　初版発行
2017年3月31日　5刷発行

編著者　小田　順子（おだ　じゅんこ）
発行者　佐久間重嘉
発行所　学　陽　書　房

〒102-0072　東京都千代田区飯田橋1-9-3
営業部　TEL 03-3261-1111／FAX 03-5211-3300
編集部　TEL 03-3261-1112／FAX 03-5211-3301
振替口座　00170-4-84240
http://www.gakuyo.co.jp

装幀／佐藤　博
イラスト／松永えりか（フェニックス）
印刷／文唱堂印刷　製本／東京美術紙工

© Junko Oda 2012, printed in Japan
ISBN 978-4-313-15072-0 C0034

※乱丁・落丁本は、送料小社負担にてお取り替えいたします。

誰も教えてくれなかった　公務員の文章・メール術

小田順子 編著

定価　本体1,800円＋税

住民からのクレームが激減する文章の書き方・見せ方、上司に好かれるメールの書き方がわかる！トラブルを回避し、好感度がアップする文章表現のポイントから、メール・Twitterの書き方・作法までを取り上げる。

四六判並製216ページ

これでうまくいく！　新人公務員の育て方

押元 洋 編著

定価　本体1,700円＋税

先輩・上司が知っておきたい指導・育成のヒケツ！「新人・若手をはやく戦力にしたい」「忙しいなか、効率的に指導したい」「短期間で成長できる経験を積ませたい」という想いに応える具体的なアドバイスが満載！

Ａ５判並製128ページ

できる公務員の交渉力

渡邉泰弘／星川敏充 共著

定価　本体1,800円＋税

仕事の成否は「交渉力」で決まる！　住民への説明・説得、議会との協議・調整、民間企業との折衝・取引など、行政における「交渉」の場面で必須の知恵とスキルをやさしく解説。また、現場での具体的な事例を通して、実践的な対応策を伝える一冊。

四六判並製196ページ